Devemos prosseguir confiantes e guardar todas nossas angústias para dar lugar a um novo começo, sem esquecer jamais de agradecer.

Coordenadora editorial: Tânia Lins
Coordenador de comunicação: Marcio Lipari
Capa e projeto gráfico: Jaqueline Kir
Diagramação: Rafael Rojas
Preparação e revisão: Equipe Vida & Consciência

1ª edição — 1ª impressão
5.000 exemplares — novembro 2016
Tiragem total: 5.000 exemplares

CIP-Brasil — Catalogação na Publicação
(Sindicato Nacional dos Editores de Livros, RJ)

S274d

Saul (Espírito)
De volta pra vida / pelo espírito Saul; [psicografado por] Gilvanize Balbino. 1. ed., reimpr. — São Paulo: Vida & Consciência, 2016.
320 p. ; 23 cm.

ISBN 978-85-7722-512-5

1. Romance brasileiro. I. Balbino, Gilvanize. II. Título.

16-36884 CDD: 869.3
CDU: 821.134.3(81)-3

Este livro adota as regras do novo acordo ortográfico (2009).

Vida & Consciência Editora e Distribuidora Ltda.
Rua Agostinho Gomes, 2.312 — São Paulo — SP — Brasil
CEP 04206-001
editora@vidaeconsciencia.com.br
www.vidaeconsciencia.com.br

De volta pra vida

GILVANIZE BALBINO

Romance ditado pelo espírito Saul

Sumário

Quem é Saul?

Saul atuou em todas as suas encarnações na condição de respeitável médico, experimentando vivências na Grécia, Roma e Espanha. Em cada uma delas não poupou esforços para auxiliar o próximo com amor, respeito e dedicação.

Responsável pelos grupos socorristas oriundos da Cidade de Jade, sempre buscou unir os conhecimentos médicos aos ensinamentos de Jesus, alicerce de suas vidas.

Aproximou-se da médium Gilvanize Balbino trazendo consigo a missão de instruir, acolher e auxiliar o próximo. Ao iniciar os trabalhos com a escrita, a princípio, havia solicitado que sua identidade fosse preservada.

Sua identidade foi revelada em razão de diversas solicitações, tanto do mundo físico como espiritual. O objetivo de Saul assinar os livros visa a não incitar conclusões personalistas no meio religioso, causando confusões infundadas que não trazem valor doutrinário. Aqui, Saul apenas deixa sua marca por meio de um valoroso trabalho apostólico.

Breve relato

Amigos, envolvido pela luz da fé, acreditando eternamente nos ensinamentos de Jesus e feliz em poder retornar às suas mãos, agradeço ao Senhor este instante e rogo que Ele nos abençoe.

Abrir mais um grandioso trabalho de meu eterno amigo e irmão em Cristo, Saul, é uma bênção que não posso prescindir.

Companheiro de incontáveis jornadas, Saul sempre demonstrou um amor incondicional a Jesus e ao próximo indistintamente.

Aqui nestas páginas verídicas não seria diferente, ele com grande respeito e compreensão sobre as dores alheias, mergulha em temas da atualidade que ainda perturbam muitos corações e, por vezes, desvirtua o caminho dos filhos de Deus direcionando--os às sombras.

Saul, com desprendimento e compaixão, registra a importância da vigilância, da oração, das mudanças necessárias de atitude para a evolução do espírito, manutenção da fé e a presença de Jesus em nossas vidas.

Por designação de esferas superiores, reunidos na Cidade de Jade, entregamos a este amigo a tarefa de trazer para a atualidade a história de alguns personagens do livro *O símbolo da vida* [1] escrito por mim e por Bernard quem sempre esteve presente ao meu lado, pois temos um grande compromisso com o cristianismo desde muitos anos.

Cabe a mim esclarecer que o leitor encontrará aqui o retorno dos seguintes personagens:

Yara preserva seu nome e experimenta a roupagem de grande líder das trevas que criou o mundo sombrio Um mundo para nós dois;

Demétrio, que retorna nesta história como **Alberto**;

Adelinda também preserva seu nome e vivencia no mundo espiritual a guardiã das trevas, subjugada às ordens de Yara;

Zafira, mãe patológica de Adelinda, aqui vive a experiência da benevolente **Rita**;

O temporário filho de **Demétrio** e **Adelinda** nestas páginas vive **Alex**;

Débora, que ilumina esta história como a benevolente benfeitora espiritual que intercede no mundo

---

1 - Nota da médium: "O livro *O símbolo da vida* — Espíritos Ferdinando e Bernad — Psicografado por Gilvanize Balbino e publicado pela Editora Vida & Consciência, em 2015."

espiritual em favor da libertação de Adelinda e Yara das trevas para a luz;

Ambrosio, benfeitor que, no mundo espiritual, apoia os trabalhos do grupo socorrista de Saul na difícil empreitada de romper as trevas semeadas por Yara;

Hermes, grande amigo que reencarna na condição do médico Nestor; convertido ao espiritismo, consegue indicar um caminho para a luz aos personagens desta história;

Tercio, irmão de Ambrosio, retorna à Terra na condição de filho de Clara e Alberto;

Abdias preserva seu nome e, desde aquela experiência como amigo do personagem Daniel, após denunciar o apóstolo Marcos aos guardas que o perseguiam, cristalizou sua mente em profundo arrependimento, em meio às trevas que sucumbiam sua mente;

Saul e sua equipe receberam a missão especial de dissolver uma região de trevas liderada por Yara, denominada Um mundo para nós dois e, aqui, você leitor encontrará um exército de luz rompendo com as sombras e fazendo a força do amor prevalecer.

Sem mais me prolongar neste prelúdio, despretensiosamente, entrego às suas mãos, leitor amigo, este grande encontro de luz, pois suplico a Jesus que mesmo atravessando difíceis situações:

Não Desista!

Mesmo que as sombras temporariamente visitem seu coração, persista.

Confia, pois Jesus continua sempre ao lado teu.

Confia, pois a noite escura sempre anuncia um dia de luz para aqueles que perseveram e seguem adiante.

Confia, pois ninguém sofre na Terra sem o auxílio do Senhor.

Confia, pois amanhã sempre nascerá um novo dia para aqueles que não desistem de viver.

Não desista!

Se a morte chegou próxima de você e retirou de seu convívio um doce amor dos dias seus, confia no Senhor, pois quem ama, devolve a Deus o seu melhor, mesmo que tenha sido alguém que você amou. Ele, ao certo, continua vivo muito além de sua tristeza.

Não desista!

Quem vive com Jesus sempre conquistará a vitória e, aqueles que trabalham em nome do Senhor, encontrarão o triunfo na certeza de que o trabalho é o caminho que renova e eleva cada filho ao Senhor.

Portanto, mesmo que os dias pareçam sombras sem fim, amanhã, o Senhor lhe oferecerá uma nova oportunidade para você seguir e encontrar com fé, sua felicidade.

Ferdinando

São Paulo, maio de 2015.

Novo encontro

Amigo leitor, após a página de meu amigo e mestre Ferdinando, não posso omitir as lágrimas emocionadas que involuntariamente marcam minhas faces.

Com grande alegria e indescritível gratidão, retorno às suas mãos por meio destas verdadeiras e singelas páginas, trazendo uma história verídica, utilizando o instrumento da mediunidade como forma de romancear a dor e fazê-la suave diante dos fatos, que em muitas situações, não podemos modificar.

Quando fui convocado para escrever mais este relato, apesar de ter me sentido honrado, não posso omitir que tenho consciência que não sou escritor. Por isso, antecipadamente, rogo ao leitor perdão, pois sou apenas um filho de Deus, que por todas as vidas que recebi como um presente de Deus, exerci os ofícios da medicina e agora estou na condição de alguém que busca em Jesus auxiliar o próximo sem pretensões.

Entretanto, o fato de jamais estar só em nenhuma de minhas empreitadas, agradeço de joelhos e mãos postas ao Senhor, pela presença de Ferdinando e de muitos amigos da Cidade de Jade que, ao meu lado, sempre me apoiam e aqui se fazem presentes.

Depois que retornei à pátria espiritual, aprendi a importância de unir o conhecimento médico à sabedoria do Cristo e, é neste pilar cristão que me apoio para desenvolver todas as tarefas a mim designadas.

Neste maravilhoso trabalho, organizado por uma equipe iluminada em meu mundo, trazemos reflexões sobre as questões, entre outras, que envolvem os problemas ligados aos relacionamentos, obsessão, sexo, aborto, com respeito e compreensão e, sobretudo, desvenda alguns supostos mistérios sobre um mal da atualidade conhecido como doença de Alzheimer.

Em torno destes temas, assistimos corações mergulharem nos testemunhos de suas vidas e envolvendo-se por uma ou mais vidas e que sofrem as dores de paixões avassaladoras que são julgadas sem cura.

Ao referir-se ao sexo, buscamos disciplinadamente mantermo-nos fiéis aos princípios cristãos e aos fundamentos do espiritismo, quando Allan Kardec questionou os espíritos sobre: "*Têm sexos os Espíritos? Não como o entendeis, pois que os sexos dependem da organização. Há entre eles amor e simpatia, mas baseados na concordância dos sentimentos.*"[2]

---

2 - Nota do autor espiritual (Saul): KARDEC, Allan. *O Livro dos Espíritos.* Federação Espírita Brasileira (FEB). Rio de Janeiro: 1995 — questão 200.

Como sempre praticado por mim e pelos autores de Jade, visando respeitarmos as individualidades e lugares que compõem estas páginas, os personagens e as regiões aqui apresentadas foram preservados.

Os textos foram organizados de maneira que o leitor se identifique e se encontre na história, pois os temas aqui citados podem ter sido experiências de muitos ao longo de suas vidas atuais. Entretanto, jamais traríamos exposição aos personagens para não perturbar suas jornadas terrenas e espirituais. Por isso tivemos muito cuidado em modificar os cenários, nomes e localizações, sem alterar uma vírgula da realidade.

Leitor amado, rogo que você encontre aqui, além do reconforto ao seu coração, a instrução suficiente para entender os desígnios dos céus, aceitar aquilo que não se pode modificar, mas jamais desistir, porque Jesus é o conhecedor dos corações e com Ele nada faltará.

Saul
São Paulo, maio de 2015.

Com licença

Amigos, peço licença para ocupar este espaço em meio a tanta sabedoria e amor que Saul colocou neste livro para todos nós, mas não poderia deixar de agradecer:

A Deus, pela confiança.

A Jesus, por seu legado de sabedoria, amor e fé.

Aos Mestres do invisível e aos ancestrais, pela instrução, pelo sagrado e eterno amor que derramam graciosamente sobre os nossos corações, direcionando-nos à luz do cristianismo.

Aos benfeitores espirituais, pelo auxílio carinhoso, pois sem eles não poderia sequer segurar uma simples caneta ou continuar sentindo o maravilhoso perfume da vida.

Às equipes de trabalho que estiveram envolvidas na elaboração desta obra.

Aos amigos do chão, pela paciência nas horas de alegrias ou tristezas.

Principalmente, uma pessoa muito especial, que soube preencher com amor, paciência e companheirismo os espaços vazios até então jamais tocados ou explorados por ninguém.

A toda humanidade pela oportunidade de poder participar dela.

Com carinho, apenas rogo a Jesus que aceite minha gratidão.

Gilvanize Balbino
São Paulo, maio de 2015.

"Não permita jamais que seu coração se separe de Jesus, pois após a sombria colina sempre haverá um novo amanhecer."

Espírito Raquel

CAPÍTULO 1

Entendendo o cenário

Caminhando junto ao mar da Galileia,
viu Simão e André, o irmão de Simão. Lançavam
a rede ao mar, pois eram pescadores. Disse-lhes
Jesus: "Vinde em meu seguimento e eu vos
farei pescadores de homens. E imediatamente,
deixando as redes, eles o seguiram.

Marcos, 2:16-17

Naquela época, em uma cidade do interior de São Paulo que chamaremos pelo nome fictício de Leopoldo de Alcântara, a praça central esmerava-se pelo zelo da limpeza, pelo caminhar de pessoas calmas e pelas árvores que cantavam ao som da brisa suave ao balançar suas folhas, anunciando a chegada de novo outono.

Ao centro, um coreto solitário ostentava imponência e beleza.

Dividindo o cenário, um enorme chafariz esbanjava deslumbre ao lançar altas águas e fazer seu som distribuir harmonia ao local, fazendo que o espelho d'água recebesse os pingos que mergulhavam sublimes colorindo-os com os raios de sol.

Bancos ao seu redor convidavam as pessoas a se sentarem e se perderem por horas em seus pensamentos, lembranças e até mesmo preces.

Dividindo este cenário, um jardim bem cuidado oferecia lindo colorido em razão dos canteiros de flores e das árvores que não se intimidavam em florescer.

Os pássaros também tinham seu papel especial. Acomodados de galho em galho, cantavam felizes e juntos; pareciam uma sinfonia afinada e muito bem organizada, acalmando o coração daqueles que passavam por ali.

As pessoas comuns passeavam com os animais de estimação e acompanhavam as crianças brincarem felizes de um lado para outro, assim como, outras atualizavam as informações do cotidiano, sorridentes e, por vezes, tristes.

Para os moradores de Leopoldo de Alcântara, a praça era o ponto central de encontros e a manutenção das redes sociais daquela localidade.

Separada da praça central por uma pequena avenida, lá estava a igreja matriz. Uma edificação imponente, o amarelo de suas paredes era referência para qualquer ponto da cidade.

O relógio no frontal acrescentava-lhe beleza extraordinária, tais quais as construções inglesas, e o grande crucifixo logo acima lhe registravam a imponência. Pontualmente, ao meio-dia e à meia-noite fazia soar do campanário o som dos sinos, com exceção dos domingos, que tocava ao início de cada celebração religiosa predefinida, de acordo com as regras locais para anunciar a chegada do momento de oração.

As atividades beneficentes da igreja, organizadas pelo pároco local Osvaldo, tinham muita influência na cultura da região e imprimia na cidade um cenário típico do interior. A opinião do padre modificava atitudes familiares até mesmo no rumo político-social daquelas paragens.

A praça era conhecida nos arredores por promover diversos eventos, ressaltando as exposições de carros e motos que, faziam dali, um ponto de encontro de pessoas maduras e, especialmente, de jovens amantes das rodas.

Em um bairro nobre, não muito afastado da praça, morava Rita, uma distinta senhora madura, esguia e simples na aparência. Seu semblante calmo acentuava a fisionomia de uma pessoa batalhadora devido ao dia a dia sofrido, mas não lhe ausentava a simpatia.

Com muito zelo, exercia a função de costureira. Era conhecida na cidade e pela região devido aos lindos e cuidadosos trabalhos com vestidos de noivas, de madrinhas e de festas. Muitas noivas, cheias de esperança, buscavam com ela a realização de parte de seus sonhos.

Vivia para sua família e seu esposo Alberto, um executivo que trabalhava em uma grande empresa, ocupando um cargo de destaque. Um homem orgulhoso, que fazia da evidência social a razão de sua vida e o grande valor de seus dias. Para isso, não media as ações para conquistar uma vida requintada.

Entretanto, o dia a dia de Rita era árduo. Entre os afazeres de casa e os cuidados intensos com sua mãe, dona Amélia que, naquela oportunidade, encontrava-se enferma, apresentando o quadro de uma doença degenerativa conhecida como Alzheimer.[3]

Rita era mãe de Sabrina, uma jovem miúda, tez clara, cabelos e olhos castanhos, ressaltados em seu rosto fino. Detentora de uma beleza simples, foi educada pela mãe dentro de um conjunto de valores e regras, tornando-a uma das jovens mais requisitadas pela sociedade local, mas mantinha-se recatada e quase não participava das agitações do meio social relacionado à sua idade.

Com uma educação refinada e por recomendação de seus pais, especialmente de Alberto, seu pai, havia estudado nas melhores instituições de ensino, o que lhe serviu para ingressar na universidade e cursar pedagogia.

Junto à sua mãe, no tempo que lhe era permitido, dividia-se entre os afazeres da comunidade de senhoras católicas e as atividades beneficentes por elas organizadas.

---

3 - Nota da médium: "com o objetivo de contribuir com o esclarecimento sobre a doença de Alzheimer, assim como apoiar as pessoas que vivem esta experiência em suas famílias ou amigos, ao final deste livro, há um resumo e indicação de um site onde o leitor poderá acessar informações importantes que poderão agregar muito valor."

Nas proximidades, residia Fátima, a melhor amiga de Rita e madrinha de Sabrina. Ela era uma mulher madura, de baixa estatura. Descendente de italianos, não escondia os traços napolitanos em seu rosto arredondado e vermelho, que lhe ressaltavam a simpatia. Era conhecida pelos quitutes que fazia para ajudar na padaria de seu esposo, Ricardo, que havia herdado o comércio de seus pais.

Ele era um português franzino e esforçado trabalhador, de poucas palavras ou expressões emocionais. Sua padaria ficava próxima à praça, e ele era conhecido pela gastronomia portuguesa, especialmente pela bacalhoada feita por sua esposa. A receita havia sido herança de sua avó materna, e Ricardo fazia questão de demonstrar, com orgulho, esta iguaria a cada cliente que ali chegava.

Bem-sucedido em seus negócios, naquela oportunidade, havia instalado em São Paulo um restaurante especializado na cozinha portuguesa, que o obrigava a se revezar com sua esposa em viagens entre Leopoldo de Alcântara e a capital paulistana.

Desta união nasceu Adriano, um jovem com seus vinte e três anos, estatura alta, tez morena. Seus olhos esverdeados, cabelos lisos e claros davam ao seu rosto traços de uma estátua grega, esculpida por renomado artista. Visivelmente, cultuava seu corpo bem tratado e não escondia a vaidade.

Mesmo sendo extremamente inteligente, não conseguia ingressar na universidade, mas depois de várias tentativas sem sucesso e por imposição de seus pais, conseguiu matricular-se em uma instituição na cidade vizinha, no curso que mais lhe apetecia — engenharia — e, aos fins de semana, retornava para sua cidade, onde, como amante do motociclismo, desfilava pelas ruas da cidade, ostentando riqueza e arrogância.

Adriano e Sabrina foram criados juntos, estabelecendo entre Fátima e Rita uma relação de amizade e carinho, fortalecendo os vínculos de amor como se fossem verdadeiras irmãs em Cristo.

Entretanto, Fátima não escondia a preocupação com o relacionamento do filho com seu esposo, que a cada dia intensificavam os conflitos e a distância.

Ricardo discordava das escolhas e atitudes de Adriano e sonhava que ele continuasse os negócios da família, mas já havia percebido que seus objetivos paternos poderiam não ser atingidos, cabendo a ele, em silêncio, aceitar e continuar.

Fátima em busca de alívio e paz para sua família, foi conhecer o espiritismo e buscou apoio em uma instituição espírita que havia sido fundada na cidade. Sua atitude gerou grande falatório na cidade e descontentamento na sociedade predominantemente católica.

As mulheres frequentadores da igreja, com feroz preconceito, devidamente orientadas pelo pároco local, se afastaram de Fátima. Mas Rita, apesar de continuar frequentando as reuniões assistenciais da igreja, permaneceu fiel ao lado da amiga.

Assim, estes personagens seguiam vivendo o dia a dia enfrentando as dificuldades, buscando construir em torno de seus corações um ambiente familiar banhado de paz e união.

CAPÍTULO 2

O Encontro

Começo de uma história

Jesus, vendo sua fé, disse ao paralítico: 'Filho, os teus pecados estão perdoados'.

Marcos, 2:5

Naquela tarde, Rita, praticante fervorosa do catolicismo, após encerrar a aula de artes manuais que ministrava voluntariamente às senhoras daquela comunidade, se despediu de padre Osvaldo e desceu descontraidamente a escadaria principal da igreja acompanhada de uma amiga chamada Elen.

Neste ínterim, Fátima que passava no local, ao ver Rita, imediatamente e alegre, aproximou-se:

— Minha querida — disse Fátima sem esconder a felicidade — que bom encontrá-la. Perdoe-me, pois desde a semana passada, quando conversamos, não tive tempo de ir à sua casa. Aquela padaria me deixa ensandecida e agora que Ricardo abriu aquele comércio na capital, não temos tempo para quase nada. Ele divide a semana, ficando aqui uns três dias e dois em São Paulo. Como combinamos amanhã, espero você em casa para lhe ensinar aquele pão que me pediu a receita.

— Sim — Rita abraçando a amiga também não escondia a alegria daquele encontro. — Estarei lá sem falta, temos muito a conversar. Além do mais, preciso um pouco de paz, pois mamãe está me dando muito trabalho.

— Minha querida — disse Fátima — não deve ser fácil cuidar de alguém que tenha Alzheimer. Acredito que quem mais sofre são os cuidadores, aqueles que estão vendo seus amores a cada dia adoecerem, sem nada poderem fazer, senão ter paciência, fé e muita coragem.

— Sim, é uma luta constante — interveio Rita triste. — Cada doente é uma realidade diferente e a cada dia descubro algo novo sobre a doença. Como sabe, depois que ela apresentou os sintomas, tive que aprender a conviver com a degeneração da mente da mamãe e também com as consequências físicas que causam muitas restrições.

— E dona Luísa — perguntou Fátima —, a cuidadora que lhe indiquei, está se adaptando bem?

— Ela foi um anjo que apareceu em minha vida — respondeu Rita. — Não imagina o quanto estou satisfeita. Ela parece uma mãe para mim e trata a mamãe com tanto carinho que me tranquiliza o coração. Com ela, posso retomar minhas atividades com a costura e minhas tarefas na igreja.

— Fico imensamente feliz que tenha gostado de dona Luísa, acredito que ela lhe ajudará muito. Ela é uma pessoa muito querida e especial. Foi indicada por Nestor, um amigo médico da instituição. Vamos confiar que tudo corra bem — mudando o rumo da conversação, Fátima continuou: — Tenho que levar estes bolos ao abrigo dos velhinhos que agora estou ajudando. Amanhã está certo, nos encontraremos lá em casa e não precisa levar nada, nosso café é sempre por minha conta. Leve apenas minha afilhada, Sabrina, para eu matar a saudade.

— Minha filha não poderá ficar conosco à tarde porque irá à escola para ministrar as aulas para as crianças. Mesmo não tendo concluído o curso, lhe ofereceram uma oportunidade para iniciar as práticas educacionais, em uma escola na cidade vizinha. Ela está muito feliz — suspirando com um orgulho positivo, Rita continuou — mas sem dúvida, Sabrina irá me buscar, pois também quer vê-la.

Depois da breve despedida, Fátima apertou o passo, enquanto Rita com um sorriso discreto observava a amiga virar a esquina.

Tempo depois, Elen rompeu o silêncio e com preconceito disse:

— Não consigo entender porque você gosta tanto desta ensandecida. Este jeito espalhafatoso não condiz em nada com o meu.

— Conheço Fátima desde criança — disse Rita. — Nossos pais eram amigos e fomos criadas praticamente juntas. Não tenho irmãos. Saiba que ela é para mim uma irmã e sei que é recíproco. Portanto, peço que a respeite, pois se a ofende é a mim que está ofendendo.

Elen tentou inutilmente romper o clima hostil que ela mesma havia construído:

— Imagina! Jamais ofenderia alguém, sou incapaz disso. Você tem consciência que sou sua amiga verdadeira, por isso tenho que lhe relatar algo — com um ar malicioso, continuou — Sabe aquele lugar que abriu aqui em nossa cidade, onde oram para mortos e espíritos que estão por lá? Pois é, dizem que Fátima passou a frequentá-lo. Dizem até que ela largou a igreja e agora se converteu — tentando encontrar no ar as palavras, Elen prosseguiu — Como chamam mesmo os seguidores dessa seita satânica?

— Chamam-se espíritas e não se trata de uma seita satânica, mas sim do espiritismo — Rita retirou da bolsa um papel e após ajustar os óculos disse — Um dia Fátima me presenteou com este papel que diz: "*Podemos tomar o Espiritismo simbolizado como um triângulo de forças espirituais. A ciência e a filosofia vinculam a Terra à essa figura simbólica, porém, a religião é o ângulo divino que a liga ao céu.*"[4] — após a leitura, Rita com paciência concluiu: — O espiritismo não tem nada de satânico e podemos afirmar que é algo de Deus.

— Você está influenciada por ela, isso pode não ser algo celestial. Se eu estivesse em seu lugar, procuraria o padre Osvaldo e faria uma confissão.

— Se os espíritas fossem tão maus, como fariam tanta caridade em razão ao próximo? — com uma feição contrariada, Rita prosseguiu: — Fátima foi auxiliar os idosos necessitados. Não acredita ser um grande

---

4 - Nota da médium: "Disponível em: XAVIER, F.C. *O consolador*. Pelo Espírito Emmanuel. 26. ed. Rio de Janeiro: FEB, 2006. Definição, p 19-20."

exemplo a ser seguido por nós, em vez de a criticarmos cruelmente?

Elen não omitiu a expressão de repúdio e mecanicamente fez um ritual típico católico conhecido como "o sinal da cruz", desenhando com as mãos uma cruz em si. Em seguida, banhada por sombrio preconceito disse:

— Deus nos livre daquele lugar infernal e esquecido pelos anjos do Senhor. Aquilo mais parece um aglomerado de loucos e possuídos pelo demônio — ardilosa, Elen continuou — Devemos ter em mente que se aqueles idosos tivessem sido boas pessoas no passado, não estariam naquela condição. Jamais pisarei ali.

— Todos são livres para escolher em suas vidas, assim como responder por suas escolhas. Não cabe a ninguém o julgamento, tampouco manifestarmos o preconceito contra alguém. Por trás do rosto de uma pessoa, há uma história de vida que desconhecemos. Somos filhos de Deus e acreditamos em sua misericórdia. Dessa forma, devemos compreender que todos atravessam em suas vidas as experiências necessárias para sua melhora e um dia conseguirão encontrar a luz do Senhor, afinal é isso que sempre ouvimos nas missas.

— Você está ensandecida. Como não julgá-los? Se esses idosos se encontram naquele abrigo é por que merecem estar lá. Por isso, eu nada farei para ajudar esses pecadores. A justiça divina está agindo sobre eles e os punindo na medida certa.

— Ora, não fale assim. O Senhor não pune ninguém. Outro dia, ouvi Fátima dizer que para o espiritismo "*Deus é a inteligência suprema, causa primária de todas as coisas.*”[5] Se Ele, o Senhor, é isso, então é também, bondade, acolhimento e sabedoria. Acredito e não ouso criticar nada e ninguém, pois não sou perfeita, apenas luto para ser melhor.

— Você fala como um deles, uma espírita — disse Elen. — Será que por influência de Fátima você mergulhou nesse labirinto trevoso? Se for isso, não se preocupe, você ainda poderá ser liberta. Procure imediatamente o padre Osvaldo. Tenho certeza de que após se confessar, ele vai mandar você fazer algumas fervorosas preces e aí, você poderá se redimir de seus pecados e blasfêmias.

— Por Deus — Rita, contrariada com aquela situação, disse: — Você continua com os julgamentos sem fundamentos. Logo você que é tão assídua na igreja em suas atividades. Eles são pessoas que fazem a caridade ao próximo, eles não são seres demoníacos, são de Jesus. Muito me surpreendo com você, que se considera tão devotada, dizer isso. Esqueceu-se da máxima que acabamos de ouvir o padre dizer que “*reconhece um cristão pela sua obra*”? Perdoe-me, mas estou atrasada com meus afazeres. Tenho que ir para cuidar de minha mãe que está enferma.

Despedindo-se rapidamente, Rita retirou-se, deixando a amiga inconformada por não ter encontrado um ambiente propício para destilar a maledicência.

Enquanto Rita atravessava a rua, Elen, sem conter o ímpeto, sozinha, disse palavras soltas no ar:

— Ela fala assim como se fosse uma santa. Diz para todos que a mãe está enferma, mas na realidade

---

5 - Nota do autor espiritual (Saul): KARDEC, Allan. *O Livro dos Espíritos*. Federação Espírita Brasileira (FEB). Rio de Janeiro: 1995 — questão 1.

deve estar possuída pelo mal. Que Deus tenha compaixão dessa mulher, pois dentro da própria casa, o demônio atua.

CAPÍTULO 3

O chá da tarde

Um encontro de luz

O Senhor disse ao meu Senhor:
Assenta-te à minha direita até que eu
ponha teus inimigos debaixo dos teus pés.

Marcos, 12:36

No dia seguinte, conforme combinado, Rita foi à residência da amiga que a esperava com visível felicidade.

Após as saudações, seguiram a tarde entre banais conversas e receitas, quando Rita, com vergonha, disse:

— Minha amiga, por favor, rogo que não se ofenda, mas não vou omitir a ocorrência de ontem. Elen chamou seu novo credo de "seita satânica". Como eu, você era tão assídua nas atividades da igreja. Depois que começou a frequentar a instituição espírita se afastou, e os comentários são muitos e creia, cheios de preconceitos. Tem certeza de sua escolha?

— Sim, tenho — respondeu Fátima com uma expressão segura. — Depois que comecei a frequentar a instituição meu coração está mais calmo e me sinto mais fortalecida para enfrentar os conflitos de minha casa entre meu esposo Ricardo e nosso filho Adriano. Não posso reclamar de nada, tenho tudo de que preciso, uma família que amo, mas por questões culturais, Ricardo, apesar de amar intensamente Adriano, não entende a insensatez de sua juventude. Só Deus sabe o quanto sofro vendo pai e filho parecerem rivais. Dias atrás, pensei que se odiavam e não conseguia entender tamanha situação. Como podiam viver assim?

— Busquei ajuda na igreja e, confesso, as missas ajudavam em minhas orações, mas não me respondiam às inúmeras perguntas que trazia dentro de mim sobre tudo que passava. Minha casa parecia um campo de guerra — com espontaneidade, Fátima continuou — Confesso que meu lar ainda não está totalmente estabilizado, desavenças acontecem, mas eu consigo ver a situação de modo diferente. Sofro, mas tento, por meio da oração, com paciência e instrução, direcionar o conflito sombrio à luz.

— O padre Osvaldo ficou muito contrariado com sua saída da Igreja — continuou Rita. — Disse que se você retornar resignada e o ajudar a desmascarar o grupo espírita, ele a aceitará na comunidade novamente.

— Agradeço a oferta, mas jamais falarei uma palavra contra o espiritismo ou o grupo que faço parte.

Jesus não fez distinção alguma com as religiões de sua época. Avançou o tempo e na Idade Média, a Santa Inquisição perseguiu vorazmente quem pensava diferente — contrariada, Fátima prosseguiu. — Isso é um absurdo, parece que estamos vivendo o tribunal da Santa Inquisição. O espiritismo respeita as religiões e as diferenças. Por que agora vamos nos submeter a tal terror?

— Perdoe-me, minha querida, apenas fui a portadora de uma mensagem. O que importa é que está feliz e visivelmente, muito bem — Rita, alterando o rumo da conversação, disse: — Quem levou você à instituição espírita?

— Uma manhã eu estava na padaria ajudando Ricardo a servir os clientes. Então, conheci um médico aposentado chamado Nestor que veio de São Paulo morar aqui, após a morte de sua esposa. Os dois filhos já eram casados. Ele queria tranquilidade, e escolheu nossa cidade. Não demorou e nos transformarmos em bons amigos. Nestor e Ricardo firmaram uma amizade que pareciam se conhecer de longa data.

Todos os dias Nestor ia comprar pão e jornal, assim não nos faltava assuntos para conversarmos. Você sabe como gosto de uma boa conversa — sorrindo, prosseguiu Fátima — Um dia Ricardo e Adriano se desentenderam, e eu estava triste. Foi aí que ele disse que era espírita e começou a falar do espiritismo, das explicações que recebeu para as particularidades de sua vida, especialmente como encontrou forças para enfrentar a viuvez. Logo me interessei e resolvi conhecer a doutrina.

— Ouvimos tantas coisas boas e más a respeito do espiritismo — disse Rita com uma feição de pavor. — Não teve medo de ir até lá?

— Claro que sim. No primeiro dia que fui acompanhada de Nestor. Na verdade, eu estava apavorada. Você está certa, afinal a visão que temos é muito diferente e até distorcida do espiritismo.

— Conte-me, como foi sua visita na instituição? — perguntou Rita, curiosa.

— Quando cheguei fui acolhida com imenso carinho — após breve pausa, Fátima continuou — Pessoas comuns como nós, algumas até nossas conhecidas, trabalhando voluntariamente, pareciam envolvidas por uma paz que era transmitida por aquele ambiente. Logo fui encaminhada a uma sala onde trabalhadores nos escutavam com muita paciência.

Ali, rapidamente me explicaram um pouco sobre as aversões inatas entre pais e filhos no meio familiar. Disseram que em razão da reencarnação, os "*vínculos consanguíneos não são os verdadeiros laços de família, mas o que une os corações é a comunhão de ideais, pensamentos e simpatia*"[6].

Depois passei por uma sala onde recebi um passe e então, fui para um salão simples, onde ouvi uma palestra que parecia ter sido feita para mim. Emocionei-me com cada palavra, gesto e carinho que recebi ali, pois o lugar passava enorme serenidade.

— O que é esse tal de "passe"? — indagou Rita.

— Confesso-lhe que não sei bem explicar — disse Fátima com um sorriso tímido. — Espere um pouco — com entusiasmo, foi ao escritório do esposo e voltou trazendo alguns livros nas mãos — Veja! Até me matriculei nos cursos — folheando rapidamente as páginas

---

6 - Nota do Autor Espiritual (Saul): KARDEC, Allan. *O Evangelho Segundo o Espiritismo*. Federação Espírita Brasileira (FEB). Rio de Janeiro: 1996 — Capítulo XIV — itens 8 e 9.

de um livro, continuou: —Aqui está, vou ler para você o que é o passe:

"O passe é uma troca de energias físicas e espirituais e é um dos métodos utilizados nos centros espíritas para o alívio ou cura dos sofrimentos das pessoas. Quando ministrado com fé, o passe é capaz de produzir verdadeiros prodígios. Têm como objetivo o reequilíbrio do corpo físico e espiritual." [7]

Resumindo isso — disse Fátima, retirando os óculos — quando os médiuns na instituição impõem as mãos sobre nós, recebemos energias elevadas que nos fazem sentir um bem-estar inenarrável — suspirando, continuou: — Sei que o apoio vem do Alto, mas somos responsáveis pelas nossas atitudes. Por isso, devemos vigiar e orar para podermos encontrar nossa cura e nossa regeneração.

— Isso me assusta um pouco — disse Rita com uma feição de medo.

— Ora, minha amiga, medo da bondade? A base do espiritismo é o cristianismo. Se ele não tivesse os princípios de Jesus, eu não estaria lá. Além disso, o maior fundamento é o amor baseado nos dois mandamentos do Senhor: O primeiro é: "Ouve, ó Israel, o Senhor nosso Deus é o único Senhor, e amarás o Senhor teu Deus de todo teu coração, de toda tua alma, de todo teu entendimento, e com toda a tua força." O segundo é este: "Amarás o teu próximo como a ti mesmo. Não existe outro mandamento maior do que esses". [8]

Fátima, com largo sorriso em seu rosto, prosseguiu:

---

7 - Nota da médium: "estudo sobre o passe e sua aplicação encontra-se no final deste livro."

8 - Nota do Autor Espiritual (Saul): Marcos, 12:32-33

— Quem sabe um dia você irá comigo conhecer o centro, principalmente por sua mãe, dona Amélia, que está enfrentando aquela enfermidade tão severa. Lá, poderá encontrar a mesma paz que encontrei.

— Minha amiga, perdoe-me, mas já tenho meu credo, mas quem sabe um dia eu irei, pois não podemos responder pelo dia de amanhã — disse Rita, secando uma lágrima tímida. — Cada um de nós possui uma história. Agora observando você, sua coragem e lucidez, me sinto forte para enfrentar meus silenciosos desafios. Aqueles que necessito passar sem reclamações.

— Jesus sabe de nossas dificuldades e de nossas dúvidas. Com o seu bondoso coração espera que tenhamos coragem de enfrentarmos nós mesmos os obstáculos para encontrarmos a luz — sorrindo, Fátima prosseguiu: — Nunca vi você reclamar de nada, nem da doença de dona Amélia, a ausência de Alberto, enfim, de nada. Você criou Sabrina praticamente só e trabalhou com dignidade para educar sua filha. Entretanto, sei que seus dias também são desafiadores e exigem de você renúncia e resignação.

— Aprendi que a reclamação não soluciona problemas, apenas os intensifica e nos adoece. Encontrei na oração a fonte que nos revigora. É nela que me apego para ter forças, pois confio em Jesus e em Suas mãos entreguei meu coração — Rita, admirada, continuou: — Mal posso acreditar, você nunca gostou de estudar. Lembro-me que no curso evangélico da paróquia você fugia de todos e agora, deparo-me com minha amiga lendo e se instruindo. Não imagina o quanto me orgulho de você.

— Lá na Instituição aprendi que a instrução é o alicerce para nossas vidas. Então compreendi que estudar é um ato de amor por nós mesmos e melhor, não sou uma pessoa culta, mas lá não há preconceitos, porque todos têm uma oportunidade para recomeçar, pois não somos filhos de uma única vida.

Rita abraçou a amiga e disse:

— Minha querida, estou feliz em vê-la tão bem e estabilizada. Acredite, orei muito por você e por sua família e agora percebo que Jesus abençoou sua estrada.

Nesse momento, a campainha da porta tocou e Fátima imediatamente foi atendê-la. Ao abrir a porta, não escondeu a espontânea alegria e abraçando a moça, disse:

— Sabrina, minha querida! Vamos entrar. Estava com muitas saudades de você. Vejo que a cada dia está mais linda.

Após cumprimentar a mãe, Sabrina com espontaneidade e com visível carinho, disse:

— Tia, pelo visto continua cozinhando muito bem. Quero provar dessa iguaria que deve estar uma delícia — com carinho, trocou um beijo por um pedaço do quitute feito com amor.

Momentos depois, Fátima pediu a Sabrina para ir aos fundos da casa alimentar o cãozinho de estimação. Enquanto isso, as mulheres continuavam em banal conversação.

Nesse ínterim, Adriano, filho de Fátima, chegou e deixou a mala na sala de estar.

Em seguida foi até a cozinha onde sua mãe estava, deitou-lhe um beijo na testa e, tal qual um menino, furtou-lhe um pedaço de bolo.

— Filho, você por aqui hoje? — disse Fátima, surpresa. — Esperava você apenas amanhã. O que aconteceu para você antecipar sua vinda?

— As aulas de amanhã foram suspensas, então resolvi vir hoje para cá — sem perda de tempo, Adriano repetiu o gesto com Rita, abraçou-a e beijou sua testa com carinho. —Tia, você está muito bem-disposta e linda, como sempre.

— Meu querido, sempre muito galanteador! — exclamou Rita.

Descontraído e jovial, Adriano, alterando o rumo da conversação, disse:

— No mais, amanhã tenho uma festa para ir com meu amigo, o Alex, e como não pretendo perdê-la, decidi chegar o quanto antes para evitar algum transtorno com o tráfego.

— Filho, você sabe o que seu pai acha de seu amigo Alex — disse Fátima, visivelmente preocupada. — Todos comentam que ele está envolvido com bebida e sua mãe sofre muito porque ele não quer estudar. Vive nessas tais festas e bares. Ele precisa de ajuda e se continuar no caminho que está, não vai demorar a sucumbir em vícios mais delicados. Não quero que perca sua vida por isso ou se envolva em algo que possa vir a se arrepender. Por que não abranda este espírito afoito dentro de você? Por que insiste com essa amizade?

— Porque somos jovens e queremos viver nossas vidas — respondeu Adriano.

— Rogo que não contrarie seu pai e tampouco o deixe nervoso. Não quero mais brigas nesta casa.

— Mãe, você sabe que ele não me entende, não respeita minhas escolhas e não permitirei que se intrometa em minhas amizades. Sou adulto e sei o que faço.

— Você pode até ter crescido e se transformado em um homem — continuou Fátima, — mas ainda se comporta como um adolescente imaturo. Por isso seu pai fica preocupado com você.

Tempo depois, Sabrina adentrou o recinto e com carinho rompeu a densidade momentânea do ambiente.

Adriano ao vê-la, com um magnetismo maior que seu controle, fixou os olhos na jovem e entorpecido disse:

— Não posso acreditar! É Sabrina, minha amiga de infância?

— Ora, meu filho — disse Fátima — faz muito tempo mesmo, desde que você conheceu Alex, esqueceu-se de muitos amigos, inclusive de nossa Sabrina — orgulhosa, continuou: —Ainda me lembro de vocês pequeninos, na verdade, foram criados praticamente juntos.

— Perdoe-me — disse Adriano atordoado. — Há tanto tempo que não nos víamos que, confesso, quase não a reconheci. Como você está mudada! Hoje você é uma mulher linda.

Sabrina, rubra, não escondia a surpresa daquele encontro. Algo inexplicável havia tocado seu íntimo, mas o silêncio, naquele momento, era seu único cúmplice.

Após alguns instantes, Rita conferiu o relógio e com firmeza e doçura, olhou para Sabrina e disse:

— Filha, temos que ir, seu pai, como de hábito, está viajando, mas preciso organizar o jantar de sua avó. Sabe que não podemos fazer nada para agitá-la — com carinho Rita pegou a bolsa e disse: — querida, vamos, não quero me atrasar.

Ambas, sem demora, se despediram, enquanto Adriano não conseguia desvencilhar o olhar de Sabrina.

Enquanto isso, no mundo invisível, seres desprovidos de luz que acompanhavam Adriano, ficavam na espreita, observando cada gesto por ele manifestado. Contrariados com o que presenciavam, logo intensificaram o magnetismo sobre sua mente, forçando-o a sintonizar-se com pensamentos de baixa frequência, transformando-o em presa fácil para suas vontades.

Assim, aquelas tristes criaturas, completamente envolvidas pela densidade sombria que nutria seus corações, exerciam forte influência sobre Adriano, fazendo-o submeter-se a suas turvas vontades.

Mesmo as trevas, acreditando-se mais fortes que o amor de Deus, o Senhor conhecedor de todos os corações, organizava seus mensageiros com o objetivo de restabelecer a ordem celestial e a paz junto aos seus filhos.

Enquanto aqueles seres distantes da luz agiam irracionalmente, nas esferas superiores, Jesus se compadecia daqueles corações que recebiam tão sofrida influência.

Por designação superior, um grupo de emissários do bem foi destacado para apoiar os personagens desta história, com o objetivo de enfrentar com fé e resignação o difícil confronto para vencer as trevas, as quais serão narradas ao longo destas páginas.

Designados de uma cidade espiritual chamada Cidade de Jade, uma equipe de benevolentes trabalhadores de Jesus, unidos pela força do amor ao próximo e à misericórdia, acompanhavam cada passo desses corações, visando a analisar cada ação e a estratégia de ação para que, oportunamente, pudessem agir em favor da luz e do bem comum.

Nas mãos de Saul, um benevolente médico e líder de muitos grupos socorristas, foi depositada a responsabilidade de conduzir sua equipe e organizar, no plano espiritual, aqueles que, junto aos propósitos de Jesus, lutariam por aqueles filhos de Deus tão necessitados de sabedoria e amor.

Por muitos anos, a equipe de Saul atuava em favor desses corações distantes de Deus e, naquela ocasião, já assistindo suas atuações junto aos encarnados, especialmente Adriano, em silêncio, sem serem notados, observavam a ação das trevas e cheios de compaixão emanavam sobre aquelas mulheres uma luz dourada que, além de protegê-las das sombras, renovava-lhes o ânimo para continuar com suas atividades cotidianas com fé.

Repetindo o gesto amoroso sobre Adriano que, devido a forte influência que turvava seu sistema nervoso central, não percebia os gestos dos emissários do bem sobre seu coração.

Entretanto, Saul em elevada sintonia de amor e prece, mantendo-se atento a todas as ações daquele momento, rogava ao Senhor compaixão diante de tão frágeis corações.

CAPÍTULO 4

Desejos, ambientes em alerta

Pois naqueles dias haverá uma tribulação tal, como não houve desde o princípio do mundo que Deus criou até agora, e não haverá jamais.

Marcos, 13:19

No dia seguinte ao encontro das amigas Rita e Fátima, Adriano permanecia com o pensamento fixo em Sabrina.

Por todo o dia manteve-se em sua casa, recluso em seu quarto, envolvido com seus afazeres. Entretanto, no final daquela tarde, seu amigo Alex chegou.

Sem demora, encaminhou-se para o quarto onde Adriano estava introspectivo.

— Meu amigo — disse Alex — hoje tem a festa na casa noturna[9] que lhe falei e temos convites para ir. Não podemos perder — observando-o, prosseguiu: — O que está acontecendo com você? Parece distante!

— Lembra-se da tia Rita e do tio Alberto?

— Lembro, mas pelo que sei — interveio Alex — eles não são seus tios. Por que se tratam assim?

— Nossos pais são amigos há muito tempo e desde pequeno trato-os assim — alterando o rumo da conversação, Adriano prosseguiu: — Entretanto, ontem encontrei Sabrina. Lembra-se dela?

— Sim, sei quem é. Estudamos juntos. Ela é muito recatada e pouco a vemos em grupos jovens ou festas. Dizem que ela vive sob as regras duras de seus pais, que não permitem que ela se envolva com ninguém. Pelo que me recordo, nunca a vi com um namorado — pensativo e com um olhar malicioso, Alex continuou: — Por que está perguntando dela?

— Fomos criados praticamente juntos e há muito tempo não a via — Adriano, visivelmente perturbado, prosseguiu — Quando a reencontrei, confesso me surpreendi. Ela está linda e algo mais forte tocou em meu íntimo, nunca uma mulher mexeu assim comigo — com um sorriso malicioso, continuou: — Se ela nunca namorou, então, sempre há uma primeira vez.

De súbito, uma breve pausa se fez e forte densidade recaía sobre aquele local.

Apesar da proteção espiritual que aquele lar possuía em razão da prática do Evangelho no Lar, que Fátima realizava uma vez por semana, no invisível, três

---

9 - Nota do autor espiritual (Saul): por motivos óbvios de respeito e ética, omitiremos o nome do local e para estas páginas chamaremos apenas de “casa noturna”.

criaturas distantes de Deus e envolvidas por imensa sombra, invadiram sem piedade o recinto.

Convivendo há muito tempo com os jovens, não tiveram dificuldades para agir, orientando-os para o mal.

As mentes de Adriano e Alex, sintonizadas àquelas criaturas, estavam subjugadas por meio de fios magnéticos ligados no sistema nervoso central, que era intensificada por uma espécie de líquido de cor acinzentada que facilitava e acentuava a transmissão de pensamentos viciados e carregados pelas cargas sexuais em desvario.

Eram alvos fáceis devido à grande sintonia com as sombras e, seus pensamentos voltados a paixões perigosas da carne, fizeram com que estes seres, que um dia foram homens comuns, se aproximassem de Alex para envolver sua mente e conduzi-lo ao caminho das sombras.

— Ora, Adriano! Deixe de tolices! Você pode ter todas as mulheres que quiser. Elas morrem por você, e não será agora que um simples afeto de infância fará você ficar aí como um adolescente apaixonado — mudando de assunto, Alex continuou orientado pelas sombras — hoje não temos hora para chegar em casa.

É uma festa daquelas que quem entra não sabe como sairá e teremos muitas, muitas delícias nos esperando, especialmente as menininhas tolas que mal sabem quem são, mas se entregam a nós facilmente, bastando um pequeno gesto de sedução e volúpia.

— Meu amigo, você tem razão. Vamos porque a noite nos espera.

Adriano não demorou a aprontar-se, evidenciando os atributos de sua beleza física.

Assim, aqueles jovens envolvidos por densa sombra saíram em busca de uma felicidade fácil, mas passageira.

Algum tempo depois, Adriano e Alex chegaram à casa noturna. Frequentadores assíduos, adentraram em um recinto de pouca luz.

Jogos de luzes coloridas e o forte cheiro de perfume inebriante se misturava ao álcool exalado do bar. Isso, proporcionava um ambiente de baixa frequência vibratória com um odor ácido e letárgico.

Jovens dançavam ao som de música alta, direcionados por profissionais que escolhiam sugestivas canções que exaltavam a sensualidade. Completamente entorpecidas, jovens gesticulavam e insinuavam-se aos rapazes em busca de uma paixão fácil.

O ar denso pesava o ambiente, enquanto moças de famílias honestas dançavam em cima das mesas completamente fora de suas realidades, esbanjando sensualidade e tomadas pelo intenso sabor ébrio do álcool.

Ambientes reservados insinuavam a facilidade de iniciar relacionamentos passageiros, que marcariam muitas vidas e até mesmo reencarnações com a dor da insensatez e da alucinação.

Adriano e Alex rapidamente encaminharam-se para o bar, onde bebidas exóticas eram preparadas com muito álcool e elaboradas com acrobacias.

— Vamos, amigos! — disse Adriano. — Não podemos perder tempo. Esta noite nos promete muita alegria e prazer.

Ambos permaneceram ali em uma conversação banal e sonoras gargalhadas; entre sucessivos copos de bebidas e entorpecidos pela sensualidade daquele ambiente.

Enquanto isso, no mundo invisível, o mesmo ambiente era assistido com muito pesar e compaixão pela equipe de Saul.

Aquele grupo de filhos de Deus que se reunia em busca de uma felicidade fácil, não tinha consciência de que os assuntos relacionados ao sexo não são apenas uma matéria do planeta Terra, mas superam a compreensão dos seres encarnados.

Guardiões das trevas montavam guarda para garantir que o acesso fosse apenas daqueles que tinham o mesmo padrão mental e vibracional alinhados com a sintonia do local.

O lugar saturado por densa energia não omitia os "miasmas psíquicos" que se misturavam aos pensamentos dos encarnados por seres que um dia tinham sido homens e mulheres comuns e que, naquele momento, apresentavam-se deformados e distantes de Deus.

Alguns deles exibiam corpos semianimalizados. Seus olhos assemelhavam-se a chama viva de fogo ardente e seus semblantes devoradores davam a esses seres uma mescla de medo, mas, sobretudo comiseração por suas condições temporariamente inferiorizadas.

O comportamento dos encarnados em tão baixa frequência vibratória entre pensamentos inferiores, promiscuidade sexual, drogas e bebidas estabelecia o assédio espiritual sobre aqueles que ali estavam em banal divertimento.

Espíritos desencarnados que permaneciam em condição inferior não poupavam os presentes e sugavam, sem compaixão, as energias emanadas em processo simbiótico de profunda análise.

Forças inferiores se movimentavam sob o comando voluntário daqueles espíritos temporariamente presos às suas alucinações sexuais, utilizando as cargas magnéticas de baixa frequência a seu favor.

Sem controle algum, estava estabelecida a devassidão e a liberdade indiscriminada às relações sexuais, sem a base de respeito à fidelidade e aos valores elevados do espírito.

Encarnados e desencarnados saciavam seus desejos em plena sintonia, encontrando ali a satisfação sexual que não tinham em seus vínculos físicos, determinando naquele momento dívidas para o presente, assim como para o futuro.

De súbito, a equipe de Saul foi surpreendida por uma figura que chamou atenção. Um homem, aparentemente comum, foi recepcionado com distinção. Os guardiões responsáveis pela segurança do local o recepcionavam com respeito e reverência, facilitando-lhe a entrada e lhe privilegiando nos gostos e no tratamento diferenciado. Era recebido como alguém que pertencia à liderança daqueles locais e com muita desenvoltura ordenava e chamava a atenção do que via fora do local ou de seu controle.

Seres sombrios recebiam aquele homem com reverência, enquanto mulheres desviadas envolviam sua mente e seu coração em intensa sensualidade, que era devidamente retribuída em perfeita sintonia.

Antônio, membro da equipe de Saul, tentando identificar sua feição, perplexo, perguntou:

— O que vejo? Percebo que este homem está encarnado. Identifico a expansão de seu períspirito, os laços fluídicos que o unem ao corpo físico.

— Não se surpreenda — afirmou Saul — os encarnados em plena sintonia com as zonas de baixa frequência, quando repousam o corpo físico por meio do sono, libertam-se de seus corpos e buscam, através de suas mentes, seus afins. Desta maneira, estabelecem vínculos com seres temporariamente longe de Deus e se nutrem com a energia sombria a qual se afinam.

Minutos depois, após observar minuciosamente os gestos daquele recém-chegado, surpreso e assustado, Antônio disse:

— Por Deus! Quem será aquele homem que é tratado com tamanha distinção em um local como esse?

— É Alberto, esposo de Rita — respondeu Saul. — Ele é escravo desses lugares. De dia, um homem "íntegro", rígido nas regras familiares; à noite, afinidade total com zonas de baixa frequência.

— O que explica isso? — perguntou Antônio. — Um homem, aparentemente íntegro na Terra, aqui se apresenta como alguém transformado e absolutamente em sintonia com estas vibrações.

— A conduta e o pensamento — disse Saul — são os atributos que vinculam esses corações às sombras. É necessário muito esforço, uma mudança na maneira de agir e, sobretudo, o estudo para elevar o pensamento e os sentimentos para uma estrada racional da fé.

Enquanto absorviam os esclarecimentos de Saul, de súbito, um agrupamento de espíritos vinculado às sombras chamou a atenção. Eles escoltavam com excessos e luxo a líder das trevas chamada Yara.

Ela, ao perceber a presença dos emissários do bem, imediatamente ordenou que seus súditos parassem.

Em uma cena indescritível, não demorou para que uma figura feminina, esbanjando exuberante beleza e luxúria, surgisse. Em virtude do contato de muitos anos com as sombras, seu rosto demonstrava uma feição pesada e seus olhos avermelhados acentuavam suas expressões severas e hostis.

Yara era conhecida e muito temida por ser líder de uma zona de trevas nas regiões baixas do umbral, que havia construído há aproximadamente dois mil anos. Este local para efeito desta história era chamado Um mundo para nós dois. Um mundo criado por sua densa psicoesfera mental, em razão de um amor enfermiço, o qual consumia seu ser por muito tempo.

Cristalizada em um amor do passado por um homem chamado Ambrosio e por estar por tantos anos exercendo o mal, não conseguia lembrar-se de nada referente ao pretérito, apenas vivia vorazmente em perseguição intensa, distribuindo o mal e alimentando-se das energias sexuais oriundas da Terra, o que intensificava sua força.

Com o poder de sua mente deturpada para o mal, transformou-se em uma mulher de beleza rara e de forte poder de sedução, pois se assemelhava a uma deusa mitológica de aparência perfeita. Qualquer ser que olhasse para ela se encantava pelo seu poder de sedução.

Exercia forte e grande influência na zona de trevas que dominava. Com inteligência, desenvolveu mecanismos para captar a forte energia da luxúria que era emitida pela Terra por corações vinculados ao sexo em desvario.

Saul, com a expressão séria, permitiu-se ser visto. Yara, ao vê-lo, disse:

— São audaciosos estes iluminados. O que fazem aqui em zonas tão baixas e primitivas? Avançaram as fronteiras das trevas. Isso significa uma afronta. Estes habitantes da Cidade de Jade não sabem o perigo que correm. Aqui é meu mundo.

— Este mundo está se exaurindo — disse Saul. — Jesus em sua grandiosa misericórdia ordena que esta região seja transformada, e você continua resistente à força da luz.

A equipe de Saul intensificava a cada instante a oração e expandia a luz azulada em direção àquele intocável coração. O benfeitor ouvia aquelas palavras em silêncio, sem ousar contradizê-la, apenas confiava no Altíssimo, e compreendia aquele estado enfermiço o qual Yara se encontrava.

Sem permitir que Saul prosseguisse, Yara, contrariada, interrompeu:

— A guerra entre nós foi estabelecida há muito tempo e agora está se intensificando. Saiam de meu território, senão destruirei sem piedade aquela maldita Cidade de Jade e terei enorme prazer em ver você e seu Ministro Ferdinando servindo a mim, com o mesmo desvelo que servem ao Cristo "o decaído" — expandindo-se em uma luz acinzentada, prosseguiu. — Mais uma vez, afirmo: nem você, e tampouco seus amigos iluminados, conseguirão me destruir. Unirei forças, como já venho fazendo, para derrubar a fortaleza da Cidade de Jade. Basta aguardarem.

— Filha de Deus — disse Saul. — Jesus jamais abandona ninguém, mesmo que alguém tenha se afastado de seu amor por tantos motivos. Estou aqui na condição de um representante de muitos corações que a amam e querem você de volta, junto a Deus. Sua sabedoria, modificada para o bem, poderá auxiliar a Terra em sua fase de transformação para a luz.

— Não estou preocupada com os problemas que o planeta possui — interrompeu Yara. — Meu objetivo é manter meu mundo e nada mais.

Saul, com compreensão, ouviu as duras palavras, mas com carinho prosseguiu:

— O passado que marcou seu coração hoje é apenas uma lembrança que não volta mais. Foram anos cultivando um amor que, na verdade, é uma prisão que escravizou sua mente a uma vida repleta de dissabores. O amor é soberano aos desejos, ao ódio, à vingança e, sobretudo, à alucinação. Quando ele é verdadeiro, liberta, constrói e ilumina os corações com o manto da plenitude e compreensão. Não se prenda ao cárcere de si mesma. O Senhor conhece seu sentimento mais íntimo e jamais julgou seus atos. Você apenas se perdeu ao longo da sua estrada, mas ainda há tempo de reconsiderar e voltar sua vida para a luz.

Interrompendo-o, sem permitir que dissesse mais uma palavra, Yara, com ironia e sensualidade, disse:

— Não me venha com suas tolices. Você sempre me fala de uma vida que sequer acredito ter existido, pois não me recordo de nada. No mais, o que você sabe do amor? O que você sabe da minha história? Seria uma tola em acreditar que suas dóceis palavras fossem capazes de mudar o rumo de minha existência

— vertendo ódio, Yara continuou. — Os iluminados vivem apenas em cidades, como é o exemplo de vocês, mas eu construí um império, um mundo em pleno e galopante desenvolvimento.

Com desprezo, Yara prosseguiu:

— Saul, você sabe bem o que me faz mais forte e que nutre todas as minhas armas. São os sentimentos obscuros e de baixa frequência vindos do planeta Terra — esbanjando sensualidade, continuou. — Fui inteligente e entre o dinheiro, o poder e o egoísmo, escolhi a luxúria. Quero ver um iluminado conter a força dos homens a quem tanto amam, mas que não passam de animais quando o assunto é sexo.

— Seja qual for sua escolha — interveio Saul — ou o tempo que leve para libertar sua mente e seu coração, estarei em nome do Senhor trabalhando por você, e esperando o dia em que este abraço de trevas que me deu agora, se transforme em bênção iluminada de amor e sua regeneração.

Não tenho medo de suas ameaças, elas soam para mim tais quais cânticos de alguém que necessita de auxílio. Por isso, saberemos esperar o dia em que sua mente será envolvida pela lucidez e seu coração pelo amor maior de nosso Jesus.

Naquele momento, o corpo espiritual de Yara expandiu-se. Seu corpo perfeito e belo era desenhado e ostentava em seus ombros uma enorme tatuagem de serpente, que ela dava vida quando estava em estado de guerra, para demonstrar sua superioridade e impor sua liderança diante de seus súditos.

Sem misericórdia ou compaixão e com incontido ódio, Yara gritou alucinada:

— Cale-se! Sou respeitada e conhecida em meu mundo como a mulher mais sedutora e impiedosa. Como dizem diante de Um mundo para nós dois, ninguém conseguirá permanecer em pé. Acredita mesmo que um pequeno passe azulado faria me curvar aos seus pés? Infame! Será mais fácil eu me unir a muitos líderes que odeiam os habitantes da Cidade de Jade e fazê-los sucumbir um a um aos meus cárceres. Meu maior prazer será subjugar você, destruir a Cidade de Jade e ver todos os iluminados onde é o lugar deles: nas trevas.

Cansei de suas investidas inúteis tentando me converter ao seu mundo. Não se atrevam mais a avançar as minhas fronteiras. Envie um recado a Ferdinando, ministro de alta importância na liderança da Cidade de Jade: eu destruirei qualquer um que tentar me impedir, pois está travada a guerra entre Um mundo para nós dois e a Cidade de Jade — veremos quem é mais forte: eu, nutrida pela inferioridade imunda da Terra, ou vocês iluminados cheios de amor?

Yara e seus serviçais retiraram-se em profundo silêncio, deixando para trás um rastro de amargura, dor e alienação.

Tempo depois, Almério, membro da equipe de Saul, com respeito disse:

— Por Deus, estamos diante de um caso muito complexo. Demétrio, hoje Alberto, está subjugado a Yara. "No passado, ele foi um egípcio que ostentava um porte físico que se assemelhava a um semideus, dando lugar a um corpo musculoso, resultado dos jogos que praticava. Conhecedor da arte da sedução, era conhecido por fazer muitas mulheres tirarem a própria vida em razão de suas promessas vazias de amores inexistentes." Sua conduta passada ainda marca sua mente e o faz agir de maneira muito semelhante ao pretérito.

— Não podemos nos esquecer de Adelinda — disse Felipe. — No passado, ela foi filha de uma benevolente e sábia serva chamada Zafira, hoje encanada na roupagem de Rita. Naquela oportunidade, foi criada como uma filha por nossa admirável veneranda Débora, que buscou ajuda de nossos ministros na Cidade de Jade para auxiliá-la a se desvencilhar das trevas e encontrar a luz.

Entretanto, quando Adelinda se transformou em uma mulher feita, foi seduzida a uma avassaladora paixão por Demétrio, hoje Alberto. Desta paixão nasceu um menino, hoje encarnado como Alex, o qual foi totalmente recusado por ambos. Sem conseguir aceitar a rejeição de Demétrio, Adelinda cometeu sérios atos que pesam sobre seus ombros.

Devido Demétrio não reconhecer o próprio filho e não aceitar o seu amor, Adelinda, sem reconhecer a força de Deus sobre todas as existências e ignorando as leis superiores, completamente ensandecida, tirou a vida de Demétrio, de seu filho e a sua própria existência em razão de uma paixão confundida com um suposto amor.

— Tem razão — disse Almério —a ligação de Adelinda e Alberto ultrapassa as barreiras entre a vida e a morte. Recordando essa história, com muito pesar em nossos corações, concluímos que, consequentemente, Adelinda é usada por Yara como meio de fazer a destruição ser presente na vida daqueles que estão ao lado de Rita.

— De fato, a situação requer vigilância e muita oração — interveio Saul. — Adelinda, sob o comando de Yara — a grande líder das trevas — exerce sobre Alberto um poder avassalador. Por isso, fomos convocados novamente para coordenar esta missão de romper com o exército das trevas e auxiliar na transformação dos filhos de Deus para a luz.

Felipe, integrante da equipe de Saul, não omitia sua preocupação e com a voz firme disse:

— Quanta alienação. Quantos já foram sentenciados por tamanha ignorância e sofrem o peso desse endurecido coração. Preocupo-me com o amanhã, mas confio em Jesus, pois o amor vencerá.

— Lembremos que por trás de cada rosto há uma história — interveio Saul. — Sem julgamentos, mas sim dentro das leis celestiais, devemos servir e auxiliar no que for necessário. Yara faz parte de nossa missão, por isso, estamos aqui e, oportunamente, lhes detalharei nossas tarefas. Por agora, devemos retornar para a Cidade de Jade.

Entre diversas indagações diante daquele cenário hostil, sem demora e em silêncio, acompanharam Saul à Cidade de Jade.

CAPÍTULO 5

Breve reflexão sobre o sexo

...por mais que olhem, não vejam;
por mais que escutem, não entendam...

Marcos, 3:12

Tempo depois, a equipe de Saul chegou à Cidade de Jade.

Imediatamente seguiram para a sala de desimpregnação energética, conhecida como recanto da harmonização. Esse local tinha por objetivo realizar os procedimentos de assepsia e recepção de energização para aquelas equipes em trabalho constante com a Terra, que retornasse à Cidade de Jade, visando manter o equilíbrio vibracional elevado daquela cidade.

Enquanto seguiam os procedimentos, Antônio tentando entender o que havia presenciado, com visível curiosidade, perguntou:

— Saul, perdoe-me, mas sempre ouvimos que o sexo é sujo e imoral. Seria correta esta afirmação?

— Amigo — respondeu Saul, demonstrando enorme compreensão e carinho. — O sexo é uma obra divina e o Senhor jamais criaria algo sujo ou imoral. O sexo não é um crime. Ele é sagrado e pertence à Lei de Deus, assim como está presente na criação de formas físicas, assegurando a continuidade dos grupos familiares, importantes para a reencarnação, sendo um estágio necessário para aqueles que estão encarnados.

A lei que atrai uns aos outros é a mesma para todos, mas o que direciona para a luz ou para as trevas é a mente de cada um, assim como, as atitudes. O sexo não pode ser pautado apenas para o prazer passageiro. A energia sexual é um atributo da lei de atração e deve estar vinculado a um uso moderado e controlado, construído sobre os sólidos pilares de amor, compromisso, beleza e respeito.

O sexo é uma matéria que exige muito respeito porque pertence à criação de Deus e é uma lição nobre da natureza que requer amor, controle e educação, pois sem esses atributos, a estrada que leva ao desvio moral será evidente.

— Caro Saul — disse Almério — é de nosso conhecimento que o laço que une o corpo físico ao espírito é o períspirito. Como a sexualidade pode influenciá-lo positivamente ou negativamente?

— Meu amigo — respondeu Saul com carinho — o sexo, como já afirmei, não é algo contra as leis de

Deus, mas sim é uma lição que os homens encarnados e desencarnados ainda estão em fase de aperfeiçoamento. Entretanto, o mau uso do sexo poderá trazer sequelas ao perispirito, marcando-o por muito tempo. O que ocorre é que as áreas do perispirito correspondentes ao corpo físico poderão ser comprometidas.

Após breve pausa, Saul continuou:

— Um encarnado que utilizou o sexo de maneira inadequada ou cometeu abusos em uma encarnação poderá nascer novamente com restrições à reprodução, desenvolver doenças de todas as naturezas, como por exemplo, o câncer na região genésica ou disfunções sexuais expressivas.

— Então — interveio Antônio — quando encarnados, ouvimos falar sobre as práticas sexuais inadequadas que são prejudiciais. Como o homem pode manter suas relações em princípios tão rudimentares?

— Amigo — respondeu Saul — como sempre, não podemos julgar, apenas encaminhar e ensinar dentro dos conceitos cristãos que são os alicerces de nossas vidas. O sexo tem uma função clara de procriação e deve ser praticado dentro de um ambiente de amor e equilíbrio. Fora disso, a prática da pedofilia, zoofilia, necrofilia[10], sadismos, entre outras inúmeras que poderíamos citar, são temas a serem encaminhados para as tribunas médicas e os praticantes devem ser considerados doentes do espírito e corpo.

Uma pausa se fez no recinto. Logo depois, Almério, alterando o rumo da conversação, afirmou com visível feição de espanto:

---

10 - Nota da médium: "pedofilia (sexo com crianças), zoofilia (sexo com animais) e necrofilia (sexo com cadáveres)."

— Então podemos concluir que o que vimos há pouco é um tipo de obsessão.

— De certo modo, sim — respondeu Saul. — A compulsão sexual, além de poder ser considerada um tipo de enfermidade, abre as portas para diversas obsessões. A imperfeição moral ocasiona a busca dos desvios sexuais para saciar as lacunas de valores esquecidos ou não compreendidos ao longo das sucessivas vidas. Assim sendo, o silêncio das lembranças das vidas passadas propicia grande oportunidade para refazimento e reparação das faltas cometidas outrora.

Desse modo, encarnados e desencarnados, que compartilham os mesmos anseios sensuais e que apresentam insatisfações em matéria do sexo, buscam diversas alternativas para saciar o infindo desejo. Alimentam-se da energia magnética que envolve esses encontros em torno da sexualidade e ali estabelece de maneira simbiótica uma situação favorável ao vampirismo, consequentemente, firmam na mente do encarnado a obsessão ou viciação pelo sexo a qualquer custo.

— Se o sexo é uma matéria divina por que então o homem encarnado está mais suscetível à fascinação viciante do prazer e se esquece de que as uniões procedem dos céus e não da matéria? — perguntou Almério.

— Amigo eterno — disse Saul — o sexo é uma expressão positiva da qualidade humana desde que bem regida e controlada. As uniões verdadeiras sejam elas expiatórias, que necessitam de ajustes em razão de outras vidas, ou aquelas julgadas felizes e missionárias, procedem dos céus e estão registradas em um planejamento individual, elaborado de maneira sábia e amorosa para cada encarnação, considerando a condição moral de cada um.

Não há união sem motivo, como não há motivo para não haver uma união. No momento que o espírito retorna ao chão, estará em contato com a matéria e assim, diante dela, estará enfrentando provas que testarão sua fé.

— Entretanto o que observamos no chão — continuou Almério — são casais enveredados pelos cipoais da infidelidade.

Em breve pausa, Saul suspirou e não escondeu a preocupação, mas como um professor paciencioso, prosseguiu:

— Parceiros ou parceiras desorientados, tentando justificar o tédio, a rotina e a possível monotonia da convivência a dois, mergulham na fascinação e na sedução em busca de saciar as falhas existentes em sua personalidade espiritual. A sexualidade entre os filhos de Deus existe devido à atração magnética que alimenta o sentimento que os vincula, seja o amor e a necessidade de crescimento espiritual.

Dessa forma, os relacionamentos e os casamentos efetivos se transformam em verdadeiros vales de sofrimento e infidelidade, mas se esquecem de que assumiram diante de Deus o compromisso de reparar o que foi deixado para trás.

Quando o homem e a mulher enveredam pelas estradas da infidelidade, ouvindo suas fraquezas emocionais, adquirem assim, um número maior de faltas em torno de si mesmos e da sexualidade que podem trazer consequências na vida atual por meio das conhecidas doenças sexualmente transmitidas ou por dívidas sentimentais que serão ajustadas somente por meio de muitas vidas.

— Então, podemos concluir que se um encarnado busca, por meio do pensamento e do desprendimento do espírito durante o sono, o mundo espiritual em zonas inferiores para encontrar o sexo, é uma forma de adultério? — perguntou Almério.

— Sim. O adultério é uma expressão e uma atitude resultado do primitivismo da humanidade ao longo da evolução histórica da Terra. Entretanto, com o auxílio da educação espiritual, ele será banido do planeta quando o homem encontrar em si a responsabilidade diante de Deus e do próximo.

"Ninguém fere ninguém sem antes ferir-se a si próprio.", pois quem ama é fiel e sabe que as relações afetivas não ocorrem pelo acaso, mas sim por meio de um plano de vida escrito pelo Senhor.

No curso da história, a poligamia foi uma das disciplinas que marcou o passo da humanidade. Em contrapartida, marcou também os compromissos expiatórios de muitos filhos de Deus que até hoje estão em processo de resgaste.

A poligamia não firma os vínculos afetivos e elevados do amor, apenas firma os vínculos em torno da sensualidade e do sexo. Uma vez estabelecida uma união entre os filhos de Deus, ali se inicia uma história pautada na ética, no amor, na perseverança e, sobretudo, no compromisso consigo, com o próximo e com Deus.

— Inúmeras doenças estão catalogadas na medicina e observamos ainda que há uma distância no tratamento com os conceitos de Jesus — disse Felipe. — Como o espiritismo poderia auxiliar na cura desses que consideramos enfermos do sexo?

— Filho — disse Saul — primeiro o amor como Jesus nos ensinou: apenas amor, sabedoria e compreensão. Quem ama a si mesmo, busca na instrução sua elevação, e reforma o conjunto de valores morais necessários para sua evolução. Com esses valores respeita o próximo porque nele está refletida sua própria imagem.

As instituições espíritas são núcleos preparados para auxiliar quem está acometido, entre outras enfermidades, dos desvios do sexo. A prática do passe, a oração e, sobretudo, o estudo unido a uma mudança de atitude, aprimorará a personalidade, fazendo-a agir para o bem.

Entretanto, nenhuma terapia teria valor sem o Evangelho, já que é o agente ativo da medicação. Quando ele, o Evangelho, adentra as portas da mente e do coração, então está estabelecido o império de luz dentro do ser, o blindando de qualquer influência de baixa frequência que pode levá-lo à derrota.

Uma pausa fez-se no ambiente, Saul com paciência escutava as dúvidas dos presentes e com lucidez respondia uma a uma com carinho. Antônio, curioso, perguntou:

— Sempre assisti na Terra à diversas situações em torno do sexo que me causavam muitas dúvidas. Entretanto, tudo que tenho presenciado neste período em que fui convocado como protetor do lar de Fátima tem me causado espanto. Então, é lícito o sexo livre como presenciamos há pouco?

Saul após breve suspiro, com respeito, respondeu:

— Não existe sexo sem compromisso afetivo. Todos são livres para escolherem seus caminhos e quem caminhará ao seu lado, mas lembremos de que uma das causas mais significativas de sofrimento é a má escolha.

Não há boa escolha sem ter como base a instrução, especialmente espiritual, assim como o alicerce moral.

Escolhas são feitas respeitando o livre-arbítrio de cada um, sem considerar a Lei de Amor e a Lei Divina que direcionam cada um ao caminho evolutivo ou da estagnação, mesmo sendo difícil vivê-las em sua plenitude.

Antes de prevalecer os desejos carnais, é importante observar os deveres assumidos quanto ao amor, lembrando que os valores espirituais e divinos devem prevalecer sobre as necessidades humanas. A vontade de Deus é a base para que os compromissos diante da vida sejam harmonizados, sem dívidas ou desequilíbrio do próprio ser.

Devemos lembrar — continuou Saul — que se algum filho de Deus que, porventura, tenha caído nas teias do sexo em desvario, levando-o à loucura nos assuntos que regem o coração, tenhamos compaixão e roguemos ao Senhor misericórdia, pois não cabe a nós ou a ninguém julgar, mas auxiliar e indicar sempre o caminho da retidão com Jesus e da luz por meio da instrução.

— Confesso-lhe — disse Antônio com uma feição cheia de dúvidas — que fiquei chocado com o que presenciei. Como encarnados podem se submeter à perversidade de desencarnados, estabelecendo com eles difícil vínculo sexual apenas para saciar seus desejos mais íntimos?

— Caro amigo — disse Saul — as vibrações sexuais oferecem a continuidade da vida. Entretanto, muitas zonas inferiores se mantêm atuantes porque os próprios encarnados, por meio de seus pensamentos e atitudes, fortalecem as energias densas dessas regiões e se nutrem devido suas fixações sexuais e seus vícios, levando-os ao esgotamento físico e comprometimento espiritual.

É necessário o controle sexual e para isso é imperioso que os casais mantenham uma comunicação sexual para compreenderem as diferenças e buscar na confiança e respeito o fortalecimento do vínculo afetivo, estabelecido antes mesmo de seus nascimentos no corpo físico.

— O Senhor ofereceu a cada filho seu a oportunidade de escolha — disse Almério. — Os sofrimentos na Terra se intensificam porque, na grande maioria das vezes, as escolhas são equivocadas. Em matéria de relacionamento, o homem ainda precisa compreender que a máxima milenar "conhece-te a ti mesmo" deverá ser explorada e continua atual. Se conhecêssemos a nós mesmos, controlaríamos nossos impulsos e encontraríamos no semelhante um grande professor para equilibrar nossas emoções.

— Correta sua observação, Almério — interveio Saul. — Com base nesse princípio, as ligações entre os encarnados não estariam prejudicadas pelo simples desejo físico a qualquer forma ou na busca por prazeres fáceis e desleais, sem rupturas com o planejamento das reencarnações, que abrange todos aqueles que retornam ao chão.

É importante o aperfeiçoamento de suas mentes, onde habita um retrato fiel do histórico de suas vidas e de suas personalidades. Sabiamente, disse o apóstolo Paulo: "Todas as coisas me são lícitas, mas nem todas as coisas convêm; todas as coisas me são lícitas, mas nem todas as coisas edificam."[11]

---

11 - Nota do autor espiritual (Saul): 1 Coríntios: 10 a 23.

É fundamental aprender calar em si os vícios e entender que cada vida é uma escola que ensina com veemência as disciplinas necessárias para sermos melhores do que fomos ontem, assim diz nosso amigo Ferdinando — ministro da Cidade de Jade.

— Neste período de transição em que se encontra a Terra — disse Felipe — é importante compreendermos as escolhas feitas. O amadurecimento é o alicerce para a boa colheita, mas não há sabedoria sem antes ter experimentado uma lição. No mais, devemos sempre recordar a instrução que foi transcrita nos ensinamentos espíritas:

> Todas as nossas ações estão submetidas às leis de Deus. Nenhuma há, por mais insignificante que nos pareça, que não possa ser uma violação daquelas leis. Se sofremos as consequências dessa violação, só nos devemos queixar de nós mesmos, que desse modo nos fazemos os causadores da nossa felicidade, ou da nossa infelicidade futuras.[12]

— Meu filho — interveio Saul com carinho — concordo com sua correta observação. A aplicação do sexo deve ocorrer sob a luz do amor, pois é um atributo eterno da natureza. Nenhum indivíduo estará ausente de experimentar as consequências de suas atitudes. Cada um é responsável pelas ocorrências de suas vidas. Sem controle é impossível fugir das responsabilidades.

Um minuto de prazer de forma irresponsável poderá representar um milênio de sofrimento, caso tenha

---

12 - Nota do autor espiritual (Saul): KARDEC, Allan. *O Livro dos Espíritos*. Federação Espírita Brasileira (FEB). Rio de Janeiro: 1995 — questão 964

sido sem consciência, respeito e amor. É importante esclarecer que não estou difundindo o conceito de abstinência, mas sim de uma prática responsável e controlada, exaltando a máxima de Jesus: "Amarás o teu próximo como a ti mesmo."[13]

Nesse ínterim, uma enfermeira solicitou a presença de Saul na ala hospitalar para auxiliar um caso que merecia, entre outros, maior atenção.

Com carinho e respeito, antes de se retirar, Saul concluiu:

— Amigos amados, devemos lembrar que estamos em trabalho em nome de Deus. As fontes mentais e sexuais são fortes e estão vinculadas a um conjunto de lições que ainda precisam ser compreendidas pela humanidade, que traz em pensamento quadros infantilizados que demonstram que é necessário o controle, o equilíbrio, o discernimento e o auxílio.

A Terra, em seu processo evolutivo, já atravessou por muitos momentos de desvarios, mas o Senhor foi o primeiro a perdoar e disse: "Aquele dentre vós que estiver sem pecado, atire a primeira pedra"[14].

Assim, em silêncio e com os corações voltados ao auxílio ao próximo, aqueles emissários do bem, retomaram imediatamente as atividades que os aguardavam na Cidade de Jade.

---

13 - Nota do autor espiritual (Saul): Marcos, 12:31.

14 - Nota do autor espiritual (Saul): João VIII: 3 a 11.

CAPÍTULO 6

Depois de uma noite de orgia, a difícil realidade

Quem traz uma lâmpada para colocá-la debaixo do alqueire ou debaixo da cama?

Marcos, 4:21

Enquanto isso, no dia seguinte, Ricardo chegou à sua residência para almoçar.

Após cumprimentar amorosamente sua esposa Fátima, permaneceram juntos em trivial conversação. Tempo depois, perguntou:

— Onde está Adriano?

Fátima não escondeu a feição de desespero, tentando inutilmente contornar a situação, alterou o rumo da conversação:

— Meu querido, hoje preparei seu prato preferido — Fátima tentando disfarçar o nervosismo, continuou: — Segui a receita de sua bisavó. Deve estar saboroso e, no mais, hoje estamos fazendo aniversário de casamento. Temos que comemorar.

Ricardo percebendo que a atitude da esposa tentava esconder-lhe algo e preservar o filho, imediatamente, levantou-se e encaminhou-se para o quarto de Adriano. Ela, visivelmente apavorada, tentava sem sucesso acalmar o esposo:

— Por Deus, não faça nada com ele. Somos pais e devemos ter compreensão. Ele precisa de você.

Ele, cego pelo nervosismo, com força abriu a porta e deparou-se com Adriano em sono profundo.

No invisível, seres temporariamente vinculados com as sombras, mantinham-se no recinto na condição de guardiões que velavam o sono intranquilo de Adriano.

Ricardo alheio a esses fatos, com violência abriu a cortina e os raios de sol invadiram o local. Adriano, incomodado, balbuciou algumas palavras:

— Deixem-me dormir. Saiam daqui agora mesmo.

Antes de terminar a frase, Ricardo arrancou-lhe os lençóis e sem conter o ímpeto, gritou vorazmente:

— Levante-se, seu desocupado. Já é passado meio dia e ainda está na cama. É um inútil que não quer nada da vida, a não ser andar com Alex, outro desocupado, vivendo uma vida vazia entre noitadas e mulheres. Para mim chega. Não manterei seus prazeres, tampouco suas loucuras juvenis.

Quando eu tinha sua idade, já estava casado com sua mãe, construindo nossa vida com muito sacrifício e sonhando o melhor para nossos filhos — com uma lágrima marcando sua face, Ricardo prosseguiu.

— Deus, o que fiz para merecer tamanho sacrifício?! — Não aguento mais sustentar alguém como você que, infelizmente, é meu filho. Tantos sonhos que agora, para mim, não passam de sombrios pesadelos.

O ambiente cada vez mais tenso anunciava o pior. A densidade, resultado de sentimentos endurecidos de ódio e incompreensão, contribuía para que o cenário ficasse propício para a ação das sombras.

Naquele momento, seres semianimalizados e deformados em virtude de suas mentes enfermiças, por meio de magnetismo mental, subjugava Adriano a fios acinzentados ligados ao seu sistema nervoso central, intensificando o ódio em seu coração contra o pai.

Adriano, cego pela inconsequência juvenil e sem conseguir se desvencilhar da difícil sintonia mantida com aqueles filhos temporariamente distantes de Deus, entregava-se facilmente às suas leis.

O jovem, manipulado pelas sombras e totalmente envolvido por aquele sentimento sombrio de ódio, e tomado por uma força hercúlea e uma ira incontrolável, lançou-se contra Ricardo objetivando golpeá-lo.

Nesse ínterim, sem manifestar nenhum julgamento, Saul, acompanhado de dois amigos, Almério e Felipe, colocaram-se diante de Ricardo e juntos formaram um escudo protetor, imantando-o de profundo amor, que impedia a ação daquele coração endurecido.

Enquanto isso, Antônio, amigo de Saul, o qual foi designado pela Cidade de Jade para proteger aquela residência e acompanhá-los no Evangelho no Lar, não tardou ao amparo daquele sofrido coração materno, derramando sobre ela passes iluminados para que se acalmasse e não fosse submetida a um infarto do miocárdio.

Após a ação dos emissários de Jesus, Fátima, mesmo apresentando visível desespero, agiu com lucidez, segurando o filho pelos braços, anulando qualquer atitude, olhou dentro de seus olhos e disse:

— Meu filho, eu lhe suplico: não faça isso. Por mim, filho, não faça isso, pois você se arrependerá por toda sua vida. Não leve isso em seu coração. Ele é seu pai e apesar de tudo que passamos, amamos você.

Naquele instante, Adriano foi inexplicavelmente se acalmando. O desespero de Fátima foi o freio para conter-lhe o impulso impensado. Para aquele momento, o amor maternal, unido à ação bendita daqueles emissários de Jesus, havia vencido as sombras do ódio.

Enquanto isso, no invisível, a insensatez daquelas criaturas atormentadas permanecia nutrindo o sentimento de ódio que era refletido no mundo físico. A vaidade e o orgulho de Adriano eram evidentes. Com os olhos vermelhos, fixou o pai e disse:

— Infelizmente, sou seu filho, sua vergonha. Sempre me pergunto: por que nasci aqui? Estou farto de suas regras. Você se acha um Deus e eu não tolerarei mais suas ordens. Quem pensa que é? — disse Adriano, com visível feição de ódio. — Voltarei para a universidade agora mesmo.

Com sofridas lágrimas marcando suas faces, Fátima com dificuldade, conseguiu acalmar o ambiente.

— Meu querido, não fale assim. Amamos você, sempre estaremos ao seu lado e sei que tudo isso passará.

É apenas uma fase ruim que logo se afastará de nossa casa — secando a lágrima, Fátima continuou: — Lembra-se de quando era apenas uma criança e você e seu pai sempre unidos por um amor incondicional? Onde estava Ricardo lá estava você, ao lado dele, em todos os lugares e agora não podemos deixar isso terminar devido a este período de sombras que recaiu em nosso lar. Rogo em nome de Jesus: acalmem-se.

Adriano ouviu as palavras da mãe e em respeito, manteve-se em um silêncio contrariado. Fátima com amor segurou a mão do esposo e o conduziu até a cozinha para tentar lhe servir a refeição.

Tempo depois, a sonora batida da porta de entrada anunciava que Adriano havia cumprido a promessa. Sem despedidas, entrou no luxuoso carro e retornou para a cidade onde estava localizada sua universidade.

Fátima discretamente secava as involuntárias lágrimas que caiam de seus olhos tristes. Com dificuldade, mas honrando os afazeres de esposa, serviu o marido que estava sentado à mesa de cabeça baixa.

Ela, com amor, tentando conversar e abrandar o coração de Ricardo, disse:

— Meu querido, ele é nosso filho e precisamos ter paciência. Deus confiou essa tarefa a nós porque podemos suportar — segurando a mão de Ricardo prosseguiu: — Você foi meu primeiro amor. Até hoje vivo ao seu lado como no dia em que nos conhecemos. Sabe que nosso amor poderá vencer com lucidez os problemas que atravessamos com nosso Adriano. Ele é jovem e confio que essa fase logo passará. Ele se formará, assumirá os seus negócios e vocês estarão juntos, envolvidos pelo trabalho. Não sei onde erramos ou se é que erramos, mas devemos confiar em Jesus e crer que amanhã será melhor.

Ricardo ouviu as palavras de Fátima, e sem omitir as lágrimas revoltadas, interveio:

— Ele não passa de um jovem mimado. Você sempre encobriu as faltas dele, mesmo eu tentando corrigi-lo. O excesso de amor também desvirtua. Não estou me eximindo das responsabilidades, mas de agora em diante, serei mais duro — sucessivos soluços demonstravam sua consternação. — Jamais toquei em Adriano e aquela criança que tanto amei na infância, hoje se assemelhava a um animal ensandecido em minha direção, agindo com indescritível violência.

Em breve pausa para se refazer, Ricardo prosseguiu:

— Fui educado sob as regras rígidas e meu pai jamais permitiu que o desrespeitássemos. Busquei dar o melhor para nosso filho e sei que não sou o pai que ele sonhava, mas tentei da melhor forma possível educá-lo — depois de prolongado suspiro, Ricardo entristecido, continuou. — Oh, Deus! Fracassei.

— Não fale assim — disse Fátima carinhosamente. — Se você fracassou, acredite-me, também fracassei, mas confio no Senhor e sei que Ele não nos daria algo que não pudéssemos suportar. Se Adriano está aqui conosco é porque Deus espera que o auxiliemos a encontrar a luz.

— Você sempre com pensamentos positivos, mesmo diante de tamanha situação complexa — suspirando, Ricardo prosseguiu: — Por isso, sempre amei você e já cheguei a pensar em abandonar tudo, mas por você não fiz. Não consigo entender porque nosso filho, que possui tudo, age dessa maneira. Um jovem inteligente, com todas as possibilidades de brilhar, ter uma atitude assim.

— Quando ele entrou na universidade, apesar de ter ficado orgulhoso, confesso-lhe que meu coração estava preocupado. Logo vieram as amizades, especialmente Alex que o influenciava com as noitadas vazias. Não demorou em transformar o nosso filho dedicado e amado nesse jovem que sequer reconhecemos.

Tenho consciência de que ele não se envolveu com drogas, apenas com as noitadas embaladas ao sexo alucinado. Mas creia, não sustentarei mais a vida que ele leva. Por agora, só posso afirmar que apenas sustentarei os custos com a universidade, se ele não buscar um trabalho, não terá de mim nenhum dinheiro para suas alucinadas noites de prazer.

— Compartilho de seus pensamentos — disse Fátima, visivelmente nervosa. — Ele era uma pessoa antes da universidade e hoje é outra. Mesmo assim, confio em Deus e sei que Ele auxiliará nosso filho, porque na essência de Adriano habita um pouco de nós dois e confio que tudo isso é apenas uma fase.

Ricardo não conteve o pranto e entre convulsivas lágrimas disse:

— Queria ter a mesma confiança em Deus que você tem, mas nesse momento, meu coração está em pedaços. Vergonha e desespero são o que sinto. Quero acreditar no amanhã, mas somente um *milagre* conseguiria trazê-lo para a luz.

Dia desses, aquele cliente chamado Nestor, com quem estabeleci grande amizade, me falou sobre o espiritismo que você agora é adepta. Não consigo lhe explicar pelas linhas da razão, mas conversamos sobre pais e filhos diante dos conceitos espíritas. Disse que os vínculos carnais não estabelecem os vínculos espirituais. Estou quase aceitando isso.

— Meu querido, vamos comigo à instituição espírita, tenho certeza de que o mesmo conforto que tenho recebido, você também receberá.

— Tudo na hora certa — disse Ricardo — ignorando o prato. Levantou-se e finalizou: — Bem, perdi o apetite, retornarei aos meus afazeres e assim acalmarei minha mente. Nada melhor que o trabalho para curar as dores ditas sem cura.

Sem despedidas, aquele homem retirou-se do recinto em sofrido silêncio, levando consigo a dor e as marcas em sua alma daqueles instantes vividos com o filho.

Fátima, sem contrariá-lo, respeitou a atitude do esposo.

A situação daquela mulher era digna de compaixão. Com dificuldade, sentou-se em uma cadeira. A enxurrada de lágrimas orvalhava suas faces e visível tristeza lhe tomava o coração. Restava-lhe apenas permanecer em sua solidão e buscar forças na oração. Secando as lágrimas, entre soluços, orou:

— Senhor!

Sei que em mim muitas faltas marcam minha vida, mas como uma filha em total desespero, suplico misericórdia.

Nada rogo por mim, mas por meu esposo e meu filho para que a paz volte ao meu lar.

Há pouco conheci o espiritismo e sei que alguém no invisível o Senhor designou para me auxiliar nessa difícil tarefa de ser mãe, assim como, para velar por meu lar.

Tenho consciência, pelo que aprendi, que tamanho ódio não pode ser dessa vida. Não pretendo rastrear o passado, mas rogo entendimento e aceitação para que tamanhas diferenças sejam solucionadas dentro de seu ministério de amor, equilíbrio e comiseração.

Dentro de seu generoso coração suplico, que o passado que pode ser a causa desta desavença se transforme em luz e se o perdão não for possível agora, ensine-os a conviver, respeitando um ao outro até o último dia que ilumina suas existências.

Ricardo foi e é meu primeiro e único amor, assim como sou para ele. Consorciamo-nos muito jovens e não me arrependo de minha escolha.

Faria tudo novamente por que sei que essa escolha fazia parte de minha vida.

Temo pelo dia de amanhã.

Com o coração livre de qualquer sentimento alheio à sua vontade, na condição de mãe e esposa, de joelho me coloco para suplicar:

Se o Senhor puder ouvir meu pranto, rogo por paz e força para enfrentar tudo que está por vir.

Encobrindo o rosto com as mãos, aquela mulher sentia uma inexplicável paz invadindo seu coração e abrandando sua dor, dor essa que ardia na alma.

Enquanto isso, no invisível, Saul e seus amigos assistiam Fátima compadecidos, permanecendo em vibrações após ouvirem a prece sofrida daquela mãe.

Com amor, derramavam sobre aquele coração maternal, uma luz azulada que penetrava seu peito, resultando no corpo físico um sublime alívio.

CAPÍTULO 7

Sublime reaproximação

É como um grão de mostarda que, tendo sido semeado, cresce e faz-se a maior de todas as hortaliças e cria grandes ramos...

Marcos, 4:31-32

Mais de trinta dias seguiram após os fatos relatados.

— Ricardo, mesmo com o coração ferido devido às ocorrências vivenciadas, se preocupava com o filho e o amor paternal era evidente. Fátima com carinho buscou todas as oportunidades para serenar os pensamentos do esposo, fazendo-o ceder e receber Adriano novamente em sua casa.

Naquele inesquecível fim de semana, Adriano chegou. Com amor, Fátima imediatamente foi recepcioná-lo.

— Filho! Meu querido! Estou muito feliz que esteja conosco.

Após caloroso abraço, Adriano deitando um beijo na testa da mãe, disse:

— Mãe, fiquei surpreso — disse Adriano. — Depois de todas aquelas violentas ocorrências que vivemos, acreditei que meu pai não falaria mais comigo, mas estava errado. Ao telefonar para cá, ele conversou comigo com muito respeito e carinho. Perguntou até quando eu voltaria. Acreditei que ele jamais fosse me perdoar — triste prosseguiu: — Não consigo entender o que aconteceu comigo naquele dia.

— Uma força maior que meu ser, tomou conta de mim. Eu fiquei cego, envolvido por ódio incontrolável e inexplicável — triste e pensativo, Adriano prosseguiu: — Nada justifica meu ato, pois amo meu pai, sempre amei. Depois de tudo que aconteceu, refleti sobre os fatos e percebi que estava errado. Por dias amargurei minha atitude. Não sei lhe explicar, mas uma noite eu senti vontade de orar e assim o fiz. Orei e foi como se meu coração recebesse um bálsamo inexplicável. Senti-me muito bem ao pedir perdão ao Senhor.

— Eu e papai somos diferentes em muitas coisas, mas aquele cenário não justifica o que aconteceu. Eu e ele sempre fomos amigos, mas depois que entrei na faculdade parece que ele se revoltou. Lembre-se de que foi ele que me obrigou a sair da cidade para estudar em outro lugar. Dizia que essa experiência me faria mais maduro.

— Os pais sempre perdoam, mas você também precisa fazer sua parte. Nada de encontrar Alex e nada de festas — com largo sorriso, Fátima continuou: — Ficará conosco e em paz.

— É o que mais quero. Estive pensando em muitas coisas e depois daquele dia aprendi algumas lições. Vocês me ensinaram a importância do respeito e eu esqueci. Acredite, vou me esforçar muito para não decepcioná-los mais.

— Filho — disse Fátima — você nunca nos decepcionou, mas suas atitudes são, por vezes, conflitantes. Parece que sua alma não cabe no corpo e que está sob uma grande influência espiritual.

— Mãe, lá vem você com essa história de espiritismo.

— Sim, filho, somos passíveis de sofrer influências benéficas e maléficas. Para direcionar nossas vidas para o bem, precisamos mudar de atitude — sorrindo, prosseguiu — Estou muito feliz, pois graças ao Senhor, seu pai começou a frequentar a instituição espírita junto comigo e a paz voltou à nossa casa. Agora meu sonho é levá-lo até lá.

Adriano espontaneamente abraçou a mãe e disse:

— Se isso lhe faz feliz, então eu irei com você.

— Meu querido! Sim, seria a maior felicidade e o maior presente que poderia me oferecer.

Adentrando a cozinha, o jovem percebeu que a mãe organizava uma festa. Curioso, Adriano perguntou:

— Você está preparando tudo isso para quem?

— Para Sabrina. Hoje é o aniversário dela e fomos convidados. Você irá conosco e vai se comportar com respeito e educação.

— Mãe, não quero me aborrecer. Essa festa caseira deve ser entediante. Alex me convidou para irmos a um bar que foi inaugurado na cidade vizinha.

— Não ouse dizer que não vai e rogo que não fale de Alex perto de seu pai — sorrindo carinhosamente,

Fátima prosseguiu. — Pelo que me lembro, você gostava muito de Sabrina, desde pequenino. Vocês só se separaram depois da adolescência. Além do mais, seu pai ficará muito feliz. Lembre-se de que você prometeu que neste fim de semana ficaria conosco, então se comporte.

— Está certo, irei com vocês — Adriano abraçando a mãe, prosseguiu: — Como ir contra as regras da dona Fátima que sempre quer ver todos bem e felizes?

Ela não escondeu o largo sorriso. Após um abraço carinhoso, deu um beijo no filho. Assim, aqueles corações voltaram aos afazeres, aguardando o momento de seguirem para a casa de Rita.

Ao final daquela tarde, Fátima e Ricardo colocaram os materiais da festa de Sabrina no carro. Adriano, mesmo contrariado, em silêncio, acomodou-se e seguiram em direção à casa de Rita.

Ao chegarem, Rita recepcionou-os com enorme demonstração de carinho e respeito. Enquanto as mulheres seguiram para a cozinha, Ricardo e Adriano foram para o salão externo, onde Alberto entre sucessivos goles de forte bebida, conversava com os demais amigos. Ao ver o esposo de Fátima e seu filho, cumprimentou-os com frieza e disse:

— Ora, venham, juntem-se a nós. Vejo que seu filho é um homem feito, há muito tempo não o via.

— Ele estuda em outra cidade — disse Ricardo. — Além do mais, você tem muitas obrigações que o impedem de ficar na cidade em razão do trabalho.

Por isso, você não consegue mais ver como os amigos estão ou acompanhar o crescimento das crianças daqui.

O orgulhoso Alberto, ignorando as palavras de Ricardo, falava com extrema soberba e vaidade, demonstrando o luxo que vivia e exaltava seus bens materiais. Alguns amigos compartilhavam daquela conversa animadamente:

— De fato não estou mais nesta cidade, venho para cá apenas alguns dias do mês — com desprezo, Alberto continuou. — Esta vida de interior me entedia. Hoje posso dizer que conheço o que é realmente viver. Meu meio social exige muito de mim e vocês são apenas homens simples deste lugar esquecido por Deus.

Alberto lançou um olhar frio a Adriano e perguntou:

— E você, jovenzinho? Quais são seus planos profissionais?

— Ainda não estabeleci nenhum plano — disse Adriano — apenas pretendo me formar e depois verei o que fazer.

— Como não estabeleceu nenhum plano? Em sua idade eu já sabia o que queria: dinheiro, evidência, *status* social, uma posição de liderança. Não posso aceitar que alguém não tenha ambições. Você é igual a todos os homens deste lugar — com ironia e em meio a uma sonora gargalhada, Alberto continuou: — No máximo será mais um dos homens desta cidade que passam a vida sentados no banco da praça, observando o tempo correr diante de seus olhos.

A feição de Ricardo se modificou, Fátima percebendo que aquela conversa poderia trazer algum tipo de conflito, disse:

— Meu filho, por favor, poderia nos ajudar um instante. Vá lá fora e nos traga mais gelo.

Adriano não hesitou. Imediatamente retirou-se, deixando os homens conversando. Após entregar o gelo para a mãe, ele, entediado, foi tomar um ar, quando se deparou com Sabrina e suas duas amigas em animada conversação.

Ela, ao vê-lo, não escondeu o rubro em seu rosto. Ele se aproximou e se integrou às jovens.

A noite avançou sem piedade, após as saudações festivas de aniversário, os convidados se despediram.

Enquanto isso, dona Amélia permanecia apática, sentada em uma cadeira na cozinha e Fátima, com dedicação, auxiliava Rita a organizar as louças.

Alberto, embriagado, retirou-se e foi dormir. Ricardo recolhia os pertences de Fátima. Enquanto isso, Sabrina, com dedicação recolhia os resíduos da festa na sala, quando Adriano aproximou-se e lhe ofereceu ajuda.

Ela, envergonhada, aceitou e ali os jovens permaneciam em conversação trivial, gerando o som das gargalhadas que eram ouvidas no recinto.

Tempo depois, Fátima e Ricardo chamaram o filho para partirem.

Adriano e Sabrina não escondiam a felicidade por compartilharem os instantes de convívio. Ali era o marco de uma história de amor que estes personagens experimentariam ao longo destas páginas.

CAPÍTULO 8

Desvio de rota, triste acidente

Segue-me. Ele se levantou e o seguiu.

Marcos, 2:14

Os dias seguiram sem muitas alterações nas vidas desses personagens.

Naquele inesquecível final de verão, no *campus* da universidade, Alex foi ao encontro de Adriano, acompanhado de mais um jovem. O rapaz, ao vê-lo, disse:

— Ora, o que estão fazendo aqui? — perguntou Adriano, surpreso.

— Eu e meu amigo Paulo viemos buscá-lo. Hoje é sexta-feira e recebi convites para irmos à inauguração de um bar *country* na cidade vizinha de Leopoldo de Alcântara. Promete ser muito bem frequentada e não faltarão mulheres, sexo, muito divertimento e muita bebida.

Nesse momento, no invisível, um grupo de espíritos, visivelmente das sombras, aportou-se ao lado de Alex, sob as ordens de Yara, enquanto Adelinda tentava manter Adriano sob sua influência direta.

Enquanto as trevas agiam de forma alucinada, Antônio e Felipe, sob as orientações de Saul, tentavam proteger Adriano daquela forte obsessão.

Adriano sem perceber que estava sob o amparo da luz, disse:

— Desculpem-me, mas acredito ser melhor eu não ir. Prometi a minha mãe que iria para casa neste fim de semana porque é aniversário de meu pai e não posso faltar. Amanhã faremos uma festa para ele. Se eu não for, eles não me perdoarão — Adriano, pensativo, após breve pausa, prosseguiu: — Já tive muitos atritos com meu pai e sem saber o que aconteceu, estamos atravessando um período de paz. Ele está me respeitando e sem eu conseguir explicar, está mais paciente, um bom companheiro que me surpreende a cada dia. Por isso, não quero mais problemas com ele. Quero manter esta paz.

— O que é isso? — disse Alex — visivelmente contrariado e influenciado pelas trevas. — Agora você decidiu se enquadrar nas regras sociais e familiares? Seu discurso parece inadequado para sua idade, cheio de padrões típicos de comportamentos antiquados.

Alex utilizava de todos os argumentos e insistia vorazmente para que Adriano cedesse e os acompanhassem naquela jornada.

— No mais — disse Alex, exaustivamente — não temos carro e queremos que você nos leve até lá. Você pode sair da festa direto para a casa de seus pais. Vamos! Não deixaria seu amigo aqui sem uma boa carona para ir e voltar.

Enquanto isso, no mundo invisível, os enviados de Yara, liderados por Adelinda, solicitaram reforço. Mesmo Antônio e Felipe agindo com bondade e firmeza, foram temporariamente vencidos. Adriano, atordoado, respondeu:

— Está bem. Irei, mas não poderei ficar até muito tarde. Tenho compromissos amanhã com a minha mãe e não quero faltar.

— Certo, você é quem manda, amigo — disse Alex satisfeito. — Não se arrependerá. Será uma daquelas noitadas que marcará nossas vidas para sempre.

— Deixe eu me aprontar e nos encontraremos em breve — disse Adriano, visivelmente contrariado.

Naquela noite, pela primeira vez, Adriano não se apresentava como em dias anteriores. Não estava motivado para a festa e se arrumava a contragosto.

Mais tarde, pegou as chaves de seu carro e telefonou para Fátima. Após notificar-lhe sobre o desvio dos planos, sua mãe, preocupada, disse:

— Filho, havíamos combinado que dormiria em casa hoje e amanhã cedo prepararíamos a festa de Ricardo. Seu pai estava muito feliz por saber que você estaria à frente de tudo, até decidiu que não iria à padaria. Pense melhor e venha para casa — Fátima, com a voz embargada, prosseguiu: — Não é chantagem emocional, Adriano, mas pela primeira vez, estou sentindo algo estranho que não sei explicar pelas linhas da razão. Um aperto em meu peito anuncia o pior. Sei que não adiantará lhe pedir para não ir, então apenas tenha cuidado com a estrada, pois estou preocupada com você.

— Mãe, não se preocupe. Não beberei nada, prometo. E ao dirigir, ficarei atento e tomarei todo cuidado na estrada.

Após as despedidas, Adriano sem perda de tempo pegou as chaves do carro e partiu para uma alucinante noite.

Enquanto isso, Fátima em sua residência ao desligar o telefone, permaneceu por instantes em completa inação.

Ricardo percebendo que algo estava contrariando a esposa, aproximou-se. Fátima, com carinho, notificou o esposo das ocorrências e depois disse:

— Meu amor, Adriano irá a uma festa e avisou que virá para casa de madrugada, e pediu para não nos preocuparmos. Entretanto, não sei lhe dizer, de todas as vezes que ele saiu, nunca senti o que sinto agora. Um inexplicável aperto em meu coração anuncia o pior.

— Querida, isso pode ser um excesso de zelo maternal. Conhecemos nosso filho, não devemos nos preocupar, ele pode ser inconsequente em algumas situações, mas se prometeu estar aqui de madrugada, entendo que ele estará.

— Você tem razão — abraçando o esposo, com a voz firme, orou baixinho: — Senhor, por misericórdia, aqui uma mãe em desespero lhe suplica: proteja meu filho e que ele seja amparado pela Sua luz e guiado pelas mãos dos amigos invisíveis, anjos benevolentes que não desamparam ninguém, apenas cuidam e amam sem distinção.

A noite seguia agitada.

Inexplicavelmente, Adriano se comportava e não se excedia, mas Alex e seu amigo não tinham limites.

Excessos em todos os setores, banhos sensuais de piscina, entre outras inenarráveis situações, não impediam que o amigo de Adriano participasse irracionalmente, exalando apenas prazer e sexo.

Alex já apresentando os efeitos do álcool, indispôs-se com um jovem devido ter agido de forma desrespeitosa com sua acompanhante. Um inevitável tumulto fez-se no recinto.

Não demorou para que os seguranças agissem com severidade e expulsassem Alex do ambiente.

Adriano tentando acalmar a todos se aproximou. Alex vociferando como se estivesse completamente possuído por estranha força, ordenou que os amigos entrassem no carro. Alex sentindo-se humilhado com a situação, tentava sair rapidamente para despistar os olhares de reprovação lançados contra ele.

Enquanto Adriano acomodava no banco traseiro o amigo de Alex, que estava desacordado devido ao excesso do álcool, Alex pegou a chave do carro e sentou-se no banco do motorista.

Adriano preocupado com o estado de Alex, pediu várias vezes ao amigo para levar o carro, mas ele não ouviu e aos gritos disse:

— Vamos, eu dirijo. Entre logo! Quero sair daqui o quanto antes. Apesar de não ter habilitação, quero mostrar a esses ignorantes quem sou eu. Se eu sair daqui dirigindo, verão com quem se meteram e também não hesitarei em jogar o carro sobre esses tolos.

— Você não está bem, bebeu demais — disse Adriano desesperado. — Deixe-me guiar esse carro.

— Cale-se, venha, eu dirijo! — Alex gritou alucinadamente. — Vou mostrar a eles quem sou eu.

Adriano, desesperado, sem ter o que fazer, acatou a ordem do amigo e respondeu:

— Está bem, mas tenha cuidado, este carro é do meu pai, você dirigirá até a próxima rua, depois me entregará o veículo e eu conduzirei na estrada.

Alex, cego pelo ódio que invadia seu ser, ignorou o amigo. Visando a intimidar os demais jovens, pisou forte no acelerador e arrancou o carro inconsequentemente. Ao andar poucos metros do local, o inevitável ocorreu.

Ele, devido ao nervosismo e excesso de álcool, descontrolou-se. Chocou-se em alta velocidade contra um carro parado.

Nesse momento, Paulo, o amigo de Alex, que estava ébrio e desacordado no banco traseiro sem o cinto de segurança, voou como uma ave e atravessou o para-brisa. Devido ao forte impacto, foi arremessado ao duro asfalto, consequentemente, o traumatismo craniano era evidente, anunciando o pior.

Na sequência, o carro chocou-se contra um poste, e, sem suportar o impacto, caiu sobre o veículo à frente.

Infelizmente, a sorte de Adriano não foi a melhor. Desacordado, permanecia preso entre as ferragens, enquanto Alex, com dificuldade, saiu do carro, mas com poucos arranhões.

Diante da gravidade da situação, como ainda estavam próximos ao bar, os seguranças do local e outros curiosos tentaram auxiliá-los e sem demora chamaram a ambulância.

Logo depois, o resgate chegou.

Para desespero de Alex, ele foi informado que seu amigo Paulo não resistira. Os bombeiros com muita precisão e agilidade, serravam as ferragens para salvar a vida de Adriano que estava muito machucado.

Alex chorava desesperado e recebia os primeiros socorros para seus poucos machucados, quando um guarda, chamado Bastos, aproximou-se e registrou que ele estava embriagado.

Alex tentando se livrar da responsabilidade, disse:

— Seu guarda, o carro não é meu e eu não estava dirigindo. Quem dirigia era meu amigo Adriano.

— Jovem — disse o guarda — pensa que sou tolo? Você está embriagado, dirigiu sem habilitação, seu amigo está morto e o outro, a quem deseja transferir a responsabilidade de seus atos, está preso nas ferragens do carro entre a vida e a morte. Para não se complicar mais do que já está, é melhor ficar quieto, pois quem dirigia segundo testemunhas era você. Terá muito tempo para se explicar nos tribunais.

No mais — continuou Bastos — vocês jovens saem de suas casas e acham que um copo de bebida não fará mal algum a ninguém. Acham-se donos de si e não percebem que a bebida é a vilã de suas próprias existências. Espero que quando esteja sóbrio tenha consciência de seus atos.

Bastos após contatar a central para notificar as ocorrências, aproximou-se do carro destruído.

Bombeiros bem treinados, com agilidade e profissionalismo, serravam as ferragens para libertar Adriano daquele sofrimento. Cada minuto, naquela ocasião, era precioso.

Após minucioso trabalho, Adriano foi resgatado e acomodado em uma maca da ambulância que o aguardava. Sem demora, recebia os primeiros atendimentos.

A situação de Adriano requeria cuidados intensivos e era desesperadora. Os paramédicos presentes faziam os procedimentos médicos necessários para que o resgate terminasse da melhor forma possível.

Enquanto no mundo físico todo o esforço era despendido para salvar Adriano, no invisível, a equipe de Saul permanecia de prontidão. Para auxiliar o paramédico, Saul afastou o espírito de Adriano do corpo ulcerado.

O jovem liberto do corpo permanecia desacordado. Sem perceber, recebia toda a assistência carinhosa daqueles benfeitores espirituais.

Saul, com muita presteza e amorosidade, realizava manobras muitas especiais, ainda desconhecidas no mundo físico, visando trazer de volta a vida ao corpo tão massacrado.

Sob as orientações de Saul, Felipe, membro de sua equipe, com carinho repousou Adriano em seus braços e na condição paternal serenava-o por meio de passes energéticos a mente juvenil.

O jovem, sem ter consciência plena do que ocorria, apenas recebia o auxílio como um banho iluminado de amor. Felipe ficou acariciando seus cabelos, enquanto Saul que trabalhava junto aos paramédicos, disse:

— Acalme-se, dessa forma ajudaremos você, pois ainda não é o momento de retornar ao mundo espiritual, precisa se restabelecer e continuar. Tranquilize-se, pois pelo fato de você estar encarnado, quando despertar, não se recordará deste momento.

Adriano permanecia sereno apesar da situação desesperadora de seu corpo, apenas não resistiu ao forte torpor que tomou conto de seu ser.

Enquanto isso, Saul, apoiando o paramédico que lutava para manter Adriano vivo, utilizava todas as ferramentas disponíveis para ressuscitá-lo, com paciência e amor, guiava-lhe, sem ser percebido, as manobras corretas para não perder o paciente.

Tempo depois, o paramédico disse surpreso:

— Graças ao Senhor, não perdemos esse garoto! Não sei explicar, mas casos mais simples que esse não fomos capazes de salvar. Confesso que eu estava pessimista, mas alguma intervenção dos céus aconteceu aqui. Conter essa hemorragia e ele reagir à reanimação, afirmo que foi um milagre. Agora vamos sem demora ao pronto-socorro.

Ao som das sirenes, Adriano foi levado ao hospital, enquanto Bastos terminava os procedimentos oficiais sobre o acidente.

Ele, que havia assistido à luta para salvar Adriano, condoído, conseguiu o contato dos pais. Aproximando-se de um amigo de trabalho, disse:

— Por Deus! Veja, o carro é do dono da padaria de Leopoldo de Alcântara, onde comemos os bolinhos de bacalhau! Aquele jovem é filho dele — Bastos sem se conformar com a situação, continuou — Também sou pai e nunca imaginamos o que essas festas são capazes de fazer: destruir famílias e trazer marcas por toda uma vida. Pobre pai, em casa, sem imaginar que seu filho está nessas condições. Eu mesmo vou notificá-lo das ocorrências e que Deus tenha compaixão dele.

Bastos, com respeito, contatou Ricardo. Ele, ao receber a triste notícia, informou Fátima das ocorrências.

Ela sem conseguir conter o desespero, desfaleceu. Ricardo, assustado, socorreu a esposa e imediatamente chamou Rita para ajudá-lo.

Rapidamente, Rita e Sabrina seguiram para a casa de Ricardo, enquanto ele contatava Nestor para ver o que seria melhor fazer.

Nestor prontamente chegou e sem demora aqueles corações seguiram para o hospital em busca de Adriano.

Ao chegarem, Nestor utilizando a posição de médico, conversou com o plantonista para inteirar-se da situação de Adriano que estava na Unidade de Terapia Intensiva (UTI).

Logo depois, Nestor aproximou-se de Ricardo, Fátima e das amigas:

— Meus amigos, infelizmente a condição de saúde de Adriano não é das melhores. Ele apresenta severa hemorragia, muitas lesões que ainda não podem ser concluídas e o pior, uma perna comprometida. O melhor a fazer é transferirmos ele para São Paulo. Se estiverem de acordo, providenciarei tudo.

— Meu filho corre risco de morte? — perguntou desesperada Fátima. — Não é melhor deixá-lo aqui?

— Aqui é um hospital pequeno e não tem condições de atendimento adequado. Assim ele corre risco

— Nestor tentando tranquilizar a situação continuou: — Eu irei junto, na ambulância e o monitorarei até lá. Agora o importante é termos a autorização dos pais.

Ricardo e Fátima assinaram os termos e transferiram Adriano para um hospital renomado de São Paulo.

Ao chegarem à capital, sem perda de tempo, o jovem foi acolhido e sucessivos procedimentos médicos foram executados tentando salvar sua vida.

Muito tempo depois, Nestor e um colega médico, responsável pelo plantão, disseram:

— Pais, fiquem tranquilos, apesar de tudo, seu filho ficará bem. Ele nasceu novamente. Estamos surpresos, pois apesar das circunstâncias, os primeiros atendimentos foram muito bem-feitos. Ele sobreviveu a uma parada cardíaca. Um pé foi massacrado, mas conseguimos restituí-lo. Porém, os cuidados deverão ser intensos até a sua recuperação completa. A cirurgia na clavícula foi um sucesso. Se forem religiosos, acreditem, suas preces foram ouvidas.

As lágrimas de Fátima comoviam os presentes. Agradecido, Ricardo não omitia o alívio de sua feição.

— Podemos visitá-lo? — perguntou aflito Ricardo.

— Neste momento estamos acomodando-o na UTI, pois seu estado de saúde merece cuidados especiais. Não se preocupem. Ele ficará bem e logo poderão visitá-lo.

Assim, aqueles corações sob o amparo do plano espiritual maior, aguardariam os dias que viriam para organizarem suas existências com fé para um amanhã melhor.

Com o auxílio da equipe de Saul e da competência médica terrena Adriano recuperava-se.

Os difíceis dias no hospital eram divididos com o carinho de Rita e Sabrina, que se revezavam para ajudar Fátima com a difícil missão.

Sabrina não se ausentava do lado de Adriano, o que fazia crescer entre eles um amor pleno e seguro.

Naquela manhã, Ricardo que havia passado a noite no hospital, terminava o desjejum lendo um jornal, enquanto Fátima acompanhava detalhadamente as enfermeiras terminarem os cuidados matinais com o paciente.

Já acomodado no leito asseado, Adriano olhando para o pai, chorando disse:

— Pai, me perdoe. Suplico que não me abandone e reconheço o quanto fui um tolo não ouvindo seus conselhos e os da mamãe. Quando entrei para a universidade parece que minha mente foi tomada por uma força ilusória de prazer e facilidades. Não imaginava que pudesse estar tão errado. Você é para mim meu alicerce e o que desejo agora é me recuperar e começar uma vida nova. Para isso precisarei de seu apoio.

— Filho, não importa o que passou. Passado é passado. Temos uma vida pela frente e sempre poderá contar comigo. O mais importante é que está vivo e que tenha aprendido a lição que aquela situação ensinou. Você é jovem e apesar de suas atitudes serem muitas vezes insanas, por dias quis desistir, mas uma força maior dizia para eu ter paciência. Esta força se chama amor. Eu amo você, filho.

Ricardo voluntariamente abraçou Adriano, e ambos choraram copiosamente. Fátima, com visível alegria, disse:

— Que Deus seja louvado, enfim o Senhor ouviu minhas preces, minha família está em paz. Como esperei que esse dia chegasse. Confiei nos bons amigos do invisível porque sei que eles fizeram parte desse momento. Só posso agradecer eternamente — Fátima, beijando a testa do filho, continuou: — Filho, você é para nós o melhor presente que Deus poderia ter nos oferecido. Aconteça o que acontecer, nós sempre estaremos ao seu lado.

Nesse ínterim, Sabrina bateu à porta e ao adentrar deparou-se com a cena marcante. O leito hospitalar era preenchido com uma atmosfera de serenidade e paz.

— Tios — disse Sabrina —ficarei aqui e agora devem seguir para seus afazeres, deixem nosso paciente em minhas mãos, cuidarei dele com carinho.

Ricardo, secando as lágrimas, beijou a testa de Sabrina e Fátima, que emocionada, abraçou-a como de costume e ambos se despediram.

Na tarde daquele mesmo dia, no quarto hospitalar, enquanto Adriano dormia sereno, Sabrina estudava quando uma enfermeira adentrou o recinto para verificar as medicações.

O jovem despertou e Sabrina, carinhosamente, aproximou-se para assistir os procedimentos.

Ao final, ofereceu-lhe um chá e Adriano aceitou. Com bondade, Sabrina ajudava-o a alimentar-se, quando ele segurou-lhe a mão e disse:

— Quero agradecê-la por tudo que tem feito por mim, pois desde que saí da UTI, você permaneceu ao meu lado. Os supostos amigos que julgava serem verdadeiros, sequer entraram em contato comigo para saber como estou. Você é um anjo que Deus colocou no meu caminho.

As faces de Sabrina ficaram rubras, timidamente, ela buscava palavras para vencer as dificuldades íntimas do momento:

— Ora, não tem o que agradecer, estou aqui porque quero que se recupere. Além do mais, sua mãe e seu pai precisavam de mim e da mamãe, jamais ousaremos negar algo a eles, pois são para mim como meus próprios pais.

— Sabe, desde o dia em que nos reencontramos, você tocou meu coração — interveio Adriano, buscando coragem em seu íntimo. — Jamais alguém despertou em mim o que você foi capaz de despertar, queria lhe dizer isso em outra situação, mas não consigo mais conter esse sentimento em meu coração: amo você e quero estabelecer um compromisso de uma vida ao seu lado.

— Por favor — disse Sabrina — não diga nada que você não sinta de verdade ou que não poderá cumprir. Você está sensível devido à situação em que se encontra. Além do mais, você sempre foi livre e teve em seus braços todas as mulheres que quisesse. Eu sou apenas uma interiorana que vive uma vida pacata. Sou totalmente diferente de todas as jovens que conheceu.

Sabrina continuou:

— Quero ter uma família, uma casa e, especialmente, alguém que me ame e que eu ame acima de tudo. Minhas amigas sempre me disseram que eu não namorava ninguém porque estava esperando um príncipe em minha vida. Elas estavam equivocadas, apenas sabia que Deus havia preparado alguém especial para mim e eu deveria esperar sua chegada.

— Acredite o que digo, não é porque estou aqui nesta cama de hospital. Não é gratidão, o que sinto é amor. Quero você por toda vida e também quero compartilhar uma família ao seu lado. Quando éramos crianças, dizíamos que um dia nos casaríamos. Infelizmente, você está correta, cresci e mergulhei nas facilidades da vida e encontrei no sexo o prazer, mulheres vazias que preenchiam um homem vazio que eu era.

Sabrina chorava copiosamente quando Adriano beijou suas mãos, e continuou:

— Sei que agora não tenho nada. Fui um inconsequente, revoltado por absolutamente nada. Não soube reconhecer o amor de meus pais e me deslumbrei com o mundo universitário. Quando a reencontrei, tudo que eu sentia voltou e agora, depois desse acidente, minha mente parece limpa e clara. Vejo as coisas com sentido correto e consigo fazer planos, pois quero viver, eis o que mais quero. Deus me deu a oportunidade de sobreviver a tudo aquilo e não posso contrariar todos que estão ao meu lado, me apoiando, inclusive Deus. Respeitarei se você não me amar, mas sinto que também compartilha o mesmo amor. Quando sair deste leito, lutarei por você e provarei o quanto a amo.

— Como poderia dizer que não sinto nada por você? Passei minha adolescência sonhando com você, mas o via sempre acompanhado com mulheres belas, tão diferentes de mim. Dentro de meu coração, havia desistido porque sabia que era impossível ter você comigo. Agora escuto as palavras sonhadas e as lágrimas se misturam a tão grande emoção. Como disse, desde criança eu amei você e agora confesso, foi você quem esperei todos os dias de minha vida. Amo você.

Assim os jovens envolvidos por uma atmosfera de paz, consolidavam seus sentimentos e estabeleciam uma união abençoada pelo mundo físico e pelo espiritual.

Enquanto isso, no invisível, Saul, Felipe e Almério, felizes, assistiam à mudança de Adriano, que livre das influências malignas de Yara, apresentava-se como um digno filho de Deus.

CAPÍTULO 9

Quando o amor vence as sombras

Quem tem ouvidos para ouvir, ouça.

Marcos, 4:9

Os dias seguiram com imensa velocidade.

Adriano, dentro das limitações, visando não perder o ano na universidade, retornou aos estudos, ainda enfrentando as dificuldades que os fatos vividos haviam lhe imposto.

Entretanto, o acidente e a aproximação de Sabrina haviam tocado seu coração, fazendo-o reflexivo e mudado para melhor.

Suas atitudes já refletiam o auxílio da equipe espiritual de Saul que, com dedicação, afastou as influências de Yara, o que possibilitou o jovem focar nos objetivos de sua vida.

Adriano aproximou-se do pai e encontrou em Ricardo o apoio necessário para continuar, e em Fátima o amor para vencer suas tendências inferiores.

Naquele fim de semana, Adriano estava na casa dos pais, quando Alex cheio de desejos juvenis foi ao encontro do amigo.

Ao chegar, deparou-se com Adriano envolvido em seus estudos. Após breve saudação, disse:

— Não consigo acreditar no que presencio: você estudando! — exclamou Alex, com ironia — Vamos! Largue essa tolice porque hoje temos uma festa animada para irmos. Acredite, nos divertiremos e teremos muitas alegrias junto às mulheres que conheceremos. A festa será em uma cidade em São Paulo e não demoraremos a chegar até lá. Apresse-se, assim ganharemos tempo — tentando severamente envolvê-lo, continuou: — Agora estou experimentando algumas drogas que trazem muito prazer e quero que você experimente também.

Adriano, incomodado, tentando não ser indelicado, disse:

— Não poderei ir com você, tenho de estudar. Farei as provas finais do curso e desta vez, quero terminar a faculdade. Desculpe-me, mas não irei. No mais, jamais experimentarei drogas, isso não é para mim.

Alex desconhecendo os fatos do mundo invisível, mantinha-se envolvido por criaturas sombrias, que habitavam as trevas e o influenciavam sem piedade, pois se afinavam com seus pensamentos e atitudes de baixa frequência.

— Preciso de sua ajuda. Depois do acidente, meu pai me proibiu de dirigir enquanto não tirar a minha habilitação e o processo que corre contra mim estiver concluído. A família de meu amigo que morreu no acidente está me deixando louco, me culpando pela morte dele — completamente fora da realidade, Alex continuou: — Aqueles tolos me julgam, mas sou inocente e aquele acidente não passou de uma fatalidade. Não tive culpa pela morte dele. Ele que bebeu demais e estava sem cinto de segurança. Veja! Eu sofri apenas alguns arranhões e você está muito bem.

— Estou bem graças ao apoio que recebi — disse Adriano, nervoso. — Fiquei muitos dias lutando para me recuperar, pois quase morri. Sobrevivi graças à fé que aprendi a ter. Deveria ter mais humildade para perceber que uma vida foi interrompida violentamente. Seu amigo nunca mais voltará para seus pais. Isso é sério. Por que não aproveita a oportunidade para mudar de vida?

Alex, visivelmente incomodado com Adriano, interveio:

— Desconheço você. Ora, ora, o que aconteceu com meu amigo das noitadas? Desde que iniciou o namoro com Sabrina, transformou-se em um aluno estudioso e em uma pessoa antiquada. Ela mudou você e quase não estou o conhecendo — com os olhos avermelhados, continuou: — Não está vendo o que está acontecendo?

Sabrina está lhe fazendo muito mal. Veja o que está fazendo, abandonando um amigo por uma mulher. Acredito ser melhor acabar esse namoro antes que ela destrua ainda mais você. Parece um desconhecido, um jovem correto, nem parece o amigo com quem partilhei muitas alegrias e mulheres — insistindo, continuou. — Vamos, deixe esses livros de lado e venha comigo.

— Sabrina não está me fazendo mal algum, pelo contrário, eu era um tolo ensandecido. Apesar de meu pai e minha mãe tanto falarem, eu não tinha noção que do que era a vida. Agora sei o que quero, vou me casar com ela. Não irei para festa alguma, tenho de estudar. Além disso, preciso ajudar meu pai na padaria e depois irei com minha mãe à instituição que ela frequenta. Quem sabe um dia encontrará alguém que lhe tocará o coração, assim como fui tocado.

— Você está brincando comigo. Irá com sua mãe naquele lugar onde ela enlouqueceu e resolveu frequentar? — com ironia, prosseguiu: — Como é mesmo? Casa dos mortos? Já ouvi muitas coisas sobre aquele lugar, melhor que orar é nos divertirmos. Deixe de tolices e venha comigo.

— Aquele acidente me fez entender que a vida é muito mais do que uma noite bem vivida — disse Adriano com firmeza. — Quando estive diante da morte, percebi o quanto minha vida era vazia e hoje quero muito mais. Você deveria pensar diferente também. Meu pai o perdoou pela perda do carro e você não deveria esquecer que responde em liberdade pela morte de seu amigo. Agora está se envolvendo com drogas. Acredite, ainda é tempo para abandonar o vício. E, aquele Adriano do passado não existe mais.

Neste momento, Fátima interrompeu a conversa entrando no quarto do filho. Com preocupação, disse:

— Filho, temos que ir senão nos atrasaremos! — olhando profundamente nos olhos de Alex, prosseguiu: — Perdoe-me, mas temos um compromisso.

Alex completamente incomodado com a presença de Fátima, não suportou permanecer ao lado dela e constrangido, insistiu:

— Ora, você se adequou rapidamente as regras dos jovens "certinhos" que vivem para os pais — com arrogância, prosseguiu: — Vamos, voltaremos cedo e a diversão não vai atrapalhá-lo. Além do mais, conforme lhe falei, estou proibido de dirigir e meu pai não quer me emprestar o carro.

— Infelizmente, não poderei ir. Entretanto, acredito que poderia aproveitar a oportunidade que ganhamos de Deus e mudar a sua vida. Vejo que não aprendeu nada, mas sei que um dia a lucidez chegará à sua mente como chegou à minha.

Alex, contrariado, despediu-se e saiu rapidamente. Adriano, olhou para a mãe e comentou:

— Acredito que perdi um amigo. Alex não conseguiu entender meu relacionamento e quer que eu volte a sair com ele. Além disso, não entende que mudei depois do acidente. Há um tempo eu jamais pensaria assim, mas amo Sabrina e quero me casar com ela. Para isso, tenho que me formar e ter uma profissão adequada. Não quero mais aquele passado para mim. Também estou preocupado com ele, pois está se envolvendo com drogas e não quero isso para minha vida.

— Filho, que Jesus seja sempre lembrado em minhas preces, pois sinto que você amadureceu. Infelizmente, precisamos vivenciar alguns infortúnios para termos consciência de nossas vidas. Estou orgulhosa de você por não sucumbir ao convite sombrio para mergulhar nas drogas, para sentir instantes de prazer que passam, mas que destroem uma encarnação. Agora sinto que está no caminho da luz e isso é o mais importante para mim.

— Mãe, não se preocupe, você e papai sempre me instruíram quanto às drogas e não faria isso, pois sei das consequências, agora quero apenas viver e ser feliz com Sabrina.

Nesse ínterim, Ricardo adentrou o cômodo acompanhado de Sabrina. Adriano carinhosamente recepcionou a namorada, enquanto seu pai calado, sentou-se em um assento próximo.

Enquanto isso, Fátima secando uma lágrima e, continuou:

— Filho, não sabe o quanto estou feliz por ouvir isso de você. Eu e seu pai sempre oramos para vê-lo bem. Alex um dia despertará para a realidade e também encontrará seu caminho, assim como você encontrou. Não se preocupe, a vida se encarregará de conduzi-lo para a libertação e para Deus, mas vamos orar por ele, pois está enfermo e precisa de oração.

— Espero que sim. Como fui um tolo — disse Adriano com a cabeça baixa. — Envolvi-me com tantas mulheres procurando saciar as paixões dentro de mim, abandonei os estudos que já poderia ter concluído. Tantos desentendimentos com meu pai, que é para mim meu chão e um amigo, quem tanto fiz sofrer em razão de minhas atitudes. Mas você, mãe, nunca me abandonou — segurando a mão de Sabrina, prosseguiu: — Até que um dia reencontrei Sabrina e naquele momento foi como se um clarão iluminasse meus pensamentos e me fizesse ver o quanto fui enganado por mim mesmo. Agora sei o que quero. Pretendo me casar e ter minha família.

— Meu amor — disse Sabrina com os olhos brilhantes — você é tudo que sonhei e também quero estar ao seu lado, porque o Senhor nos abençoou. Hoje sou feliz e sei o que desejo, em verdade, eu amo você desde a nossa infância, mas devido às suas atitudes, entendi que estar ao seu lado, seria impossível. Então esperei e, dentro de meu coração, restava apenas ter fé e aguardar o dia em que nos encontraríamos.

Adriano, emocionado, carinhosamente deitou um beijo na testa de Sabrina, logo após, voluntariamente, abraçou a mãe.

— Pai — disse o jovem entre lágrimas — perdoa-me a insensatez, os dias violentos e meus atos impensados, você é muito mais que um pai, é alguém que, por certo, eu não conseguiria viver se não estivesse aqui. Perdoe-me.

Adriano, com uma mescla de vergonha e timidez, aproximou-se do pai. Ricardo sem poupar a emoção, levantou-se e abraçou afetuosamente o filho e disse:

— Sempre amarei e perdoarei você. Não importam os erros do passado, eu e sua mãe sempre estaremos ao seu lado. Você é nosso único filho e queremos o melhor para sua vida. Sabrina é a filha que não tivemos e sei que juntos vocês serão felizes. Orgulho-me de você, filho, pois sabia que não nos decepcionaria. Agora sim! Estou diante de um homem que muito amo.

Agradeço sua mãe ter me apresentado o espiritismo, porque nele encontrei apoio e equilíbrio para entender seus atos juvenis e firmar meu amor paternal, assim como a missão que temos nessa família.

Fátima, animada como lhe era característico, interrompeu a conversação e disse:

— Vamos, não podemos nos atrasar. Estou tão feliz que não consigo me conter. Minha família se converteu ao espiritismo. Agora Sabrina está frequentando conosco a instituição espírita. Infelizmente, Rita ainda não se sente confiante para ir conosco, mas tenho fé que um dia conseguirei levá-la comigo.

— Tia — interveio Sabrina — mamãe ama você, mas sinto que ela não irá conosco em razão da igreja. Padre Osvaldo está muito incomodado com o movimento espírita aqui nessas paragens e não aceitará jamais que ela saia da congregação.

— O padre não quer que ninguém saia da igreja para ir ao espiritismo. Diz que não é uma coisa sagrada e é contra as leis de Deus. Um verdadeiro terror se estabeleceu e por medo ninguém se ausenta da igreja.

Sabrina continuou:

— Quando você e o tio Ricardo me convidaram para conhecer o espiritismo, confesso que tive medo. Entretanto, quando conversei com Nestor, foi impossível não me apaixonar pela doutrina. Ele fala com tamanho amor, que nos faz perceber que não é medo que sentimos e sim preconceito. Agradeço a Jesus estar lá com vocês, especialmente porque Adriano também está conosco.

— Tem razão — disse Fátima — temos medo do que desconhecemos e em muitas ocasiões, cultivamos o preconceito. A essência do espiritismo é o amor, o estudo, o trabalho e, sobretudo, a transformação de nós mesmos para a luz. Não devemos perder a oportunidade de conhecer o novo. Jesus sempre nos concede importantes momentos para ampliarmos nossas visões da vida.

Olhe para mim! Confesso que nunca gostei de estudar ou ler, mas quando ingressei nas escolas espíritas aprendi o quanto é fundamental ter conhecimento — com carinho, alterou o rumo da conversação.

— Filha, em relação à sua mãe, tudo tem seu tempo e o tempo pertence a Deus, então, não se preocupe, eu confio no Senhor e sei que um dia ela estará conosco, assim como vencerá os preconceitos religiosos os quais, um dia, também acreditei.

Sem demora, aprontaram-se e saíram para a reunião pública que iniciaria em breve.

A vida apresentando suas belezas ajustava o rumo dessa história.

Não demorou para Adriano e Sabrina consolidarem a essência do amor e estabelecerem um relacionamento abençoado e desejado por seus pais.

Naquela oportunidade, Adriano surpreendeu a todos com a visível mudança após o início do namoro com Sabrina.

Seguindo as orientações das esferas superiores, Saul e sua equipe não mediram esforços para ajudar Adriano a se libertar das trevas.

Com o apoio dos benfeitores espirituais, devido à fé e às orações de Fátima, ele se aproximou de Ricardo e estabeleceu com o pai uma amizade que trazia paz à casa de Fátima, assim como, promovia no coração do pai o orgulho do filho. Ambos firmaram grande afeição e não omitiam a grande felicidade por estarem vivendo momentos de muito entrosamento e harmonia.

As intermináveis noites de orgia ficaram para trás. Naturalmente, Adriano afastou-se de Alex, que ainda mantinha as atitudes juvenis voltadas ao sexo em desvario e não aprovava as mudanças que ocorriam com o amigo.

Naquele período, Adriano decidiu dedicar-se com seriedade aos estudos e surpreendentemente, uniu-se ao pai para entender os negócios que herdaria no futuro.

Para a alegria de todos, Adriano estava visivelmente mudado para o bem, sonhando e planejando com Sabrina um casamento para breve. Juntos, construíam uma sólida relação, pois dentro de seu coração aquela vivência de um amor real lhe impulsionava para melhor.

Enquanto isso, a alegria de Fátima, Ricardo e Rita era evidente. Aqueles corações se apoiavam, pois, enfim, realizaram o sonho de unir suas famílias e satisfeitos, assistiam à real felicidade nos corações de seus filhos.

Entretanto, Rita não omitia a preocupação, pois Alberto desconhecia esses fatos e temia qual seria a reação do esposo ao saber que Sabrina estava namorando Adriano. Ela sabia que ele não aprovaria porque queria que a filha se relacionasse com alguém abastado.

Sem que ninguém pudesse conter o rumo daquele amor, o envolvimento entre Adriano e Sabrina se solidificava e a cada dia, demonstravam que nada poderia afastar aqueles corações que haviam sido unidos pelas mãos de Deus.

Naquela noite, Alberto chegou à sua residência após uma intensa temporada fora. Ao adentrar, deparou-se com Adriano. Contrariado, foi logo dizendo:

— O que faz aqui? Não acredita que é tarde para estar em minha casa?

Rita imediatamente aproximou-se e tentando dispersar a densidade do ambiente e afastar a filha daquele recinto, disse:

— Sim, ele já estava indo embora. Não é mesmo, filha?

Sabrina, corajosamente, disse:

— Pai, tenho algo a lhe dizer: eu e Adriano estamos namorando.

— Senhor — interveio Adriano com respeito — amo sua filha e minhas intensões são as melhores, quero me casar com ela e construir uma família. Por isso, lhe peço autorização.

A feição de Alberto se modificou. Vociferando disse:

— O que você poderia oferecer para minha filha? Está ensandecido em acreditar que eu serei conivente com essa loucura juvenil. Não criei uma filha para entregá-la para qualquer homem — sem piedade ordenou: — Ponha-se daqui para fora agora mesmo!

— Pai, por misericórdia, não fale assim com ele. Se você não aceitar, continuaremos namorando mesmo assim — chorando, Sabrina continuou: — Ele é minha escolha e rogo que aceite minha vontade.

— Se você insistir com essa atitude enlouquecida, eu lhe deserdarei. Quero lhe apresentar o filho de um amigo muito rico, que poderá lhe dar uma vida plena e também tenho interesse em fechar negócios com ele.

— Nunca. Você está me arranjando um casamento por conveniência. Não posso acreditar nisso nos tempos em que vivemos hoje. Amo Adriano e vou me casar com ele.

— Investi muito em você e chegou a hora de retribuir-me — com violência, segurou os braços da filha e disse: —Você fará o que quero. Espero que tenha sido claro e jamais aceitarei que seja contra a minha vontade.

Adriano ao presenciar a cena, lançou-se em direção a Alberto, tentando conter a fúria do momento.

Rita percebendo que o ambiente estava tenso, pediu que Adriano fosse embora e levasse Sabrina daquele local.

Quando os jovens saíram, Alberto completamente tomando por descontrolada fúria, lançou-se violentamente contra a esposa.

Em inenarrável cena, Rita recebia os golpes do esposo, entre lágrimas e agonia. Após ter aliviado sua fúria, Alberto disse:

— Maldita! Como pode aceitar isso? Você me traiu. Sabrina para mim é como um objeto que tratei e cuidei. Por isso, estão loucas em acreditar que vou aceitar isso passivamente.

Deixando Rita caída no chão, Alberto aproveitou as malas que não foram desfeitas e retornou para São Paulo.

Ela com muita dificuldade tentava refazer-se, e apesar da violência, conseguiu sentar-se em um assento próximo e secando as lágrimas, orou:

— "Senhor Deus de misericórdia, suplico seu amor para abrandar a dor que arde em minha alma.

Com o peito massacrado pela vergonha, auxilia-me a buscar forças na fé e entender os fatos de minha vida sem revoltas.

Ensina-me a esquecer dos dias semelhantes a esse, os quais foram muitos, mas dá-me serenidade para que o ódio não se estabeleça em meu coração.

Permaneça ao meu lado para que eu não esqueça as responsabilidades que depositou em minhas mãos.

Dá-me forças para eu não desistir da vida, mesmo que tudo pareça sem esperança.

Se os ventos do desalento me curvarem diante de minha existência, permita-me atravessar as tormentas, sem me esquecer jamais que o Senhor é o alicerce de minha vida."

Enquanto isso, no invisível, Saul cheio de compaixão derramava sobre aquele coração sofrido passes iluminados de cor dourada, com o objetivo de trazer, naquele instante, um pouco de paz àquela filha de Deus tão sofrida.

CAPÍTULO 10

Muitos caminhos e sinuosas escolhas

Quando o fruto está no ponto, imediatamente se lhe lança a foice, porque a colheita chegou.

Marcos, 4:29

Após os fatos relatados, Alberto permanecia em São Paulo, ainda perturbado com a notícia do namoro de Sabrina.

Naquele fim de semana ele foi convidado por um amigo do trabalho para organizar a costumeira reunião íntima somente para homens.

Convidados seletos, escolhidos pelo poder aquisitivo e *status* social e, além deles, mulheres exuberantes para saciar o prazer fácil e temporário daqueles que, fora daquele ambiente, apresentavam-se para sociedade como homens que honravam seus casamentos estáveis.

Excessos podiam ser identificados em todos os lugares e bebidas refinadas ofereciam ao recinto a condição propícia para a ação das trevas.

A noite corria cheia de entretenimentos de baixa frequência, os quais, pouparemos os detalhes.

Roberta, uma jovem de exuberante beleza, aproximou-se intimamente de Alberto e solicitou uma conversa em um local mais reservado. Ele, com a voz repleta de encantos, disse:

— Hoje você está mais sensual que nunca — envolvendo-a por um magnetismo sombrio, Alberto prosseguiu: — Entretanto, percebo que algo lhe aflige. Vamos, diga-me: o que está acontecendo?

Após breve pausa, Roberta respirou profundamente e demonstrando frieza, respondeu:

— Infelizmente, trago uma péssima notícia. Espero outro filho seu. Com esse, é o terceiro que tivemos.

— Como pode dizer novamente que está esperando um filho meu? Como terei certeza de que sou o pai?

— Não me venha com essa conversa que não é o pai — disse Roberta, vertendo ódio e descaso. — Você sabe muito bem o que há entre nós. Não sou tola. Como nas vezes anteriores que engravidei, você não acreditou que seria o pai. Até que se convenceu e decidiu que eu deveria interrompê-las. Para mim, tanto faz, porque a prática do aborto em minha vida já foi uma realidade antes de conhecer você e também não queria infortúnios. Já interrompi muitas gestações indesejáveis e não será essa que levarei até ao final.

— Desta vez, não será diferente — devolveu Alberto com visível nervosismo. — Não podemos levar isso adiante. Você é jovem, com um futuro pela frente, apesar de custear com os programas sua universidade. Além disso, não podemos nos esquecer de que para a sociedade sou um homem casado e um executivo de sucesso.

— Como pode falar de seu casamento? Nunca se preocupou com ele — envolvida por sombria treva, Roberta continuou: — Desta vez, quero me beneficiar um pouco dessa situação. Se não me fizer uma boa proposta financeira, eu contarei tudo para sua esposa e para sua filha. Além disso, vou expor você em seu trabalho. Como será para o executivo renomado ser desmascarado em público? Nada tenho a perder com minha imagem, mas agora decidi que quero ter uma vida regada a muito luxo e garantir financeiramente meu futuro.

Alberto, mesmo se sentindo pressionado, não demonstrava em sua feição nenhuma emoção. Com frieza e dissimulando, disse:

— Minha querida, não se preocupe. Faça o aborto e seu futuro estará garantido. Estou disposto a lhe fornecer uma boa quantia pelo seu silêncio. Você já conhece muito bem o processo. Afinal, não é a primeira que passa por ele — com os olhos avermelhados pelo ódio, Alberto prosseguiu: — Voltará na clínica de meu amigo Cláudio, lugar bem conhecido por nós. Amanhã mesmo falarei com ele e acertarei todos os detalhes. Temos que nos livrar dessa gravidez indesejável o quanto antes.

O ambiente denso era propício para a ação das sombras que os envolvia com uma luz cinza que representava total sintonia.

No dia seguinte, enquanto no mundo físico os planos sombrios de Alberto se materializavam, Roberta em sua residência, se preparava para ir ao consultório de Cláudio.

Ao mesmo tempo, no mundo espiritual, em meio à tamanhas sombras, Saul derramava sobre a jovem atormentada uma luz dourada, tentando retirar de sua mente os pensamentos alucinados que exortavam o aborto.

Roberta sem conseguir distinguir a luz das trevas, após breve silêncio, disse em voz alta:

— Não consigo entender o que se passa comigo hoje. Despertei com enorme desconforto. Sinto-me perturbada, minha cabeça está pesada e uma forte dor no peito exalta-me a uma emoção inexplicável — com ironia, continuou: — Deve ser porque estou esperando um filho. Entretanto, nesse momento, um medo inexplicável tomou conta de meu ser. Mesmo já tendo realizado outros abortos, agora me sinto insegura.

No mundo invisível Yara comandava sua equipe, especialmente Adelinda, que não agia mais por livre vontade, mas totalmente subjugada à Yara, apenas executava fielmente as ordens de sua senhora. A líder das trevas ao perceber a atitude de Saul, imediatamente investiu contra ele e neutralizou sua ação de amor.

Saul ao receber intenso golpe, foi amparado por sua equipe que, unida, formava uma couraça protetora feita de amor e oração, o que incomodava ainda mais Yara. Ela, vociferando incontrolável, disse:

— Maldito iluminado. Como ousa mais uma vez afrontar-me desse modo, tentando interromper uma ação promovida por mim e pelos meus? — em sonora gargalhada, Yara continuou: — Sucessivas tentativas inúteis. Quando abandonará essa missão? De nada servirá seu ato de suposto amor. Logo, eles se curvarão a mim. Essa mulher está totalmente abduzida aos prazeres de carne, luxúria e será sentenciada por minhas leis no momento certo.

Quanto a Alberto, por meio de Adelinda, já possuo sua mente e ele, quando retornar ao meu mundo, reinará ao meu lado no comando das legiões das sombras. Por muitos anos venho treinando esse seguidor que já é totalmente fiel a mim.

— Filha — disse Saul — jamais abandonarei seu coração, pois acima de nosso querer as leis de Jesus imperam radiantes. Entenda que a morte para Alberto será apenas outro caminho que ele terá que trilhar no tempo certo. Chegará o dia em que a lucidez será sua companheira e você encontrará a paz para seu coração afoito. Quando esse dia chegar, a receberei com um abraço fraterno.

— Está ensandecido. Jamais — gritava Yara enfurecida. — Antes disso, me livrarei de todos vocês iluminados.

Saul, com sabedoria, olhando para seus amigos com complacência, disse:

— Vamos partir, oportunamente regressaremos.

Enquanto isso, Yara voltava-se ao plano físico e envolvia o quanto podia a mente de Alberto. Sua mente estava ligada a Yara por meio de fios que conduziam um líquido escuro e denso.

Tempo depois, Roberta saiu do recinto, enquanto Alberto, rapidamente, contatou seu amigo Cláudio e marcou para o dia seguinte uma obscura e tendenciosa consulta médica.

Na tarde do dia seguinte, de acordo com o combinado, Alberto foi à uma cafeteria encontrar seu amigo Cláudio. Ao chegar, após as saudações e banal conversação, Alberto, com objetividade, endereçou-lhe o assunto principal:

— Já somos amigos há muito tempo. Entendo que posso confiar em você e, além disso, somos sócios na sua clínica médica. Sou um excelente administrador. Aliados, criamos um pequeno império financeiro.

— Sim, pode confiar integralmente em mim, pois nos conhecemos antes mesmo de eu exercer a medicina e você investir comigo na clínica, que entre outros procedimentos, nos traz rentável negócio com abortos.

— Então, tenho mais um caso para você. Um passageiro relacionamento amoroso acarretou-me grande infortúnio. Ela engravidou.

— Ora, novamente! — com um sorriso irônico, continuou: — Não deveria ser mais atento? Afinal, são tantas namoradas que, se cada uma engravidar, serei obrigado a pedir falência. — Finalizou com sonora gargalhada. — Quem é dessa vez?

— Lembra-se de Roberta? Aquela jovem exuberante e esperta que sempre quis se beneficiar com as indesejáveis gestações, tentando extorquir dinheiro de mim? Então, por mais um descuido, ela engravidou. Agora decidiu me chantagear, exigindo dinheiro pelo seu silêncio. Confesso que estou muito preocupado. Afinal, ela só fará o aborto se eu der grande quantia para ela, mas isso não a impedirá de me importunar. Tenho que silenciá-la de algum modo.

— Sempre achei que ela traria problemas maiores para você. As questões financeiras administradas de forma inadequada logo refletirão em mim, pois dependo de seus investimentos para manter a clínica — apresentando um semblante frio, sem um traço de compaixão, Cláudio verificou sua agenda e prosseguiu: — Solucionar esse problema será demasiadamente fácil. Amanhã mesmo tenho disponibilidade e posso realizar o procedimento do aborto.

— Quero que além de fazer o aborto, me ajude a livrar-me dela. Ela me ameaçou. Como você sabe, não quero problemas em meu trabalho — com ironia e arrogância, prosseguiu: — Além do mais, já estou com outra jovem chamada Clara. Uma tola universitária, de vinte e poucos anos, e Roberta agora não me serve mais.

— Não poderia ser diferente, afinal, meu amigo, sempre foi um grande sedutor. Diga-me: ela tem família próxima? Pergunto por que diante do que pretendo fazer, se porventura, ela tiver alguém, poderá nos trazer problemas.

— Não, ela não tem ninguém — disse Alberto. — Pelo que sei foi criada pela avó que já morreu. Veio para São Paulo cursar uma universidade, mas para se manter realizava programas. Foi em uma noite qualquer que a conheci.

— Então está ainda mais fácil que imaginei. Faremos o procedimento abortivo e em seguida, realizo uma manobra para promover uma hemorragia, que a levará a morte. Emito o atestado de óbito. Enquanto isso, precisarei de você para providenciar o sepultamento.

— Deixe comigo — continuou Cláudio com frieza. — Já fizemos isso antes com outras mulheres por solicitação de seus amantes e até com aquelas que eu mesmo, por descuido, engravidei. Para mim, apenas mais um caso entre tantos que virão no futuro.

— Você é meu único e verdadeiro amigo — disse Alberto. — Já realizamos muitas coisas e vivenciamos muitos supostos amores, além de mantermos nossos casamentos por conveniência. Sei que poderei confiar em você.

Assim, enquanto no mundo físico ambos detalhavam o hediondo plano, no mundo espiritual, Yara agia ininterruptamente.

Logo após, Alberto e Cláudio despediram-se.

Yara retornou ao seu mundo, enquanto Adelinda permanecia mantendo Alberto sob o domínio sombrio das trevas.

Saul e sua equipe, sem serem notados, ouviram aquelas duras palavras, mas retiraram-se em profundo silêncio.

CAPÍTULO 11

Triste dia
o aborto

Ele dirá ordem a seus anjos a teu respeito para que te guardem. E ainda: E eles te tomarão pelas mãos, para que não tropeces em nenhuma pedra.

Marcos, 4:10-11

Dois dias seguiram após a conversa entre Alberto e Cláudio.

Naquele triste entardecer, Roberta, enquanto se dirigia à clínica, no mundo espiritual, Saul tentava novamente envolvê-la em uma luz dourada, visando trazer um pouco de lucidez à sua mente atormentada.

Sem conseguir entender a avalanche de sentimentos, por vezes, Roberta sentia uma mescla de pavor e temia por sua própria vida, mas a força das sombras havia dominado totalmente seus pensamentos e sua livre vontade estava temporariamente subjugada às trevas.

Até o último instante, os emissários do bem não desistiram do caso e tentavam de todas as maneiras disponíveis trazer um pouco de luz àquele coração enfermiço. Ao seu redor, criaturas sombrias permaneciam incentivando-a com expressões repetitivas:

— Não desista de seu propósito de se livrar dessa gravidez indesejável. Ela será um grande obstáculo em seu caminho. Essa criança atrapalhará sua vida. Dê um fim nessa história. Ainda é tempo e vamos ajudá-la a se livrar deste infortúnio o quanto antes.

Enfim, Roberta chegou ao destino. O local que se apresentava no mundo físico como uma clínica médica de ginecologia qualquer, luxuosa e renomada, não levantava suspeitas, mas outros procedimentos eram executados, especialmente o hediondo crime de promover aborto em uma classe social diferenciada e seleta.

Enquanto isso, no mundo invisível, o cenário era diferente. Guardiões das sombras, sob as ordens diretas de Yara, permaneciam em vigilância e naquele dia redobraram a guarda com o objetivo de que Saul e sua equipe não ultrapassassem as barreiras das trevas ou encontrassem oportunidade para interromper as ações oriundas das sombras.

Mesmo assim, os emissários do bem permaneciam na proximidade sem serem notados, devido à densidade do local.

Um amontoado de criaturas semianimalizadas permaneciam ali. Gritos sofridos e uivos de maldade podiam ser ouvidos a distância.

Homens e mulheres suplicavam socorro e um delas chamava a atenção. Antônio, surpreso, perguntou:

— Saul, ninguém nos vê, mas nós vemos essas criaturas sofridas que devem ser inocentes diante de tamanha maldade. Não seria lícito ajudarmos esses filhos de Deus?

— Caro amigo — disse Saul com respeito — nem tudo que suplica socorro pode ser auxiliado como gostaríamos, tudo em seu tempo. Lembremo-nos do apóstolo Paulo quando disse: "Todas as coisas me são lícitas, mas nem todas as coisas convêm. Todas as coisas me são lícitas, mas eu não me deixarei dominar por nenhuma."[15]

Estamos diante de homens e mulheres que antes foram médicos, curiosos da medicina, que praticaram por anos o aborto, assim como mulheres que por vaidade também assim fizeram e homens que foram coniventes com o ato. Hoje, são vítimas de suas próprias consciências que lhe cobram pesadamente suas ações e não conseguem se libertar dessa enfermiça de cobrança. Entretanto, o círculo vicioso de perseguição continua, ontem promoveram o mal, mas Jesus lhes concedeu grandes oportunidades de retornar ao chão no auxílio ao próximo, mas por muitas vidas sucumbiram em suas próprias escolhas.

— Compreendo sua colocação — disse Antônio, contrariado e insistente. — Mesmo assim, não seria caridoso de nossa parte recolhê-los e oferecer-lhes uma situação melhor?

— No momento certo chegará o dia da libertação. Quando retornaram à Terra não foram sentenciados, muito pelo contrário, Jesus permitiu que retornassem

15 - Nota do Autor Espiritual (Saul): 1 Coríntios, 6:12.

como médiuns, médicos, professores, mães e pais de família para experimentarem a bondade celestial. Entretanto, suas mentes viciadas promoveram atitudes semelhantes ao pretérito e agora se apresentam como sofredores, mas na verdade são os algozes de si mesmos. Eles não foram esquecidos, mas não podemos ter ação enquanto sobre seus corações ainda reside o vício e não foram tocados pelo arrependimento. É necessário aguardar para que eles apresentem condições de receber auxílio e entender suas condições.

Antônio, sem prestar atenção na instrução de Saul, não conteve o ímpeto. Vendo um homem idoso, aquebrantado e em profundo sofrimento, colocou-se a ajudá-lo.

Felipe, tentando conter-lhe o ato, foi interrompido por Saul, que tal qual um professor bondoso, percebeu que o aluno precisa experimentar na prática os ensinamentos para posteriormente absorvê-lo.

Antônio limpava os fluidos densos expelidos pelo sofredor, enquanto sem perceber, era vampirizado sem piedade. Antônio percebeu que suas forças se exauriam e em seguida caiu de joelhos. Nesse momento, o homem sofrido transformou-se. Cheio de ironia, disse:

— Tolo! Acreditou mesmo que eu era um sofredor em fase de arrependimento? Sabe com quem está falando? Fui um homem rico e renomado médico, por isso, fico próximo aos meus companheiros encarnados, influenciando-os nos procedimentos médicos — entre estridente gargalhada, continuou: — Tolo, queria apenas sua energia para me fortalecer, pois de lugares como esse me nutro e me fortaleço. Deus não existe, eu sou um deus.

O desconhecido saiu rapidamente entre sonora e irônica gargalhada, vociferando ódio e agonia.

Sem julgamentos, Saul imediatamente aproximou-se de Antônio, que recebeu o auxílio necessário. Ele, envergonhado, disse:

— Perdoe-me, fiquei tocado ao ver aquele sofredor. Queria apenas auxiliá-lo e levá-lo à luz. Jamais imaginei estar diante de uma "fera".

— Amigo, precisamos aprender a esperar. Tudo se transforma, mas no tempo certo e no tempo de Deus. Ninguém será esquecido ao relento das sombras. Transformação significa aceitar as imperfeições, viver suas consequências, mas, sobretudo, saber que é possível mudar sempre para melhor. Existem filhos de Deus que construíram em volta de si um confinamento escuro em torno da vaidade e de lembranças passadas, que somente o tempo poderá modificar.

Com carinho, Saul alterou o rumo da conversação, convocou um membro de sua equipe para conduzir Antônio à Cidade de Jade para receber o auxílio necessário.

Antônio, contrariado, imediatamente disse:

— Não irei! Desejo ficar e ajudá-los nessa tarefa.

— É melhor retornar o quanto antes à Cidade de Jade, pois não está em condições de permanecer aqui — ratificou Saul, com firmeza. — Terá muitas outras oportunidades para ser útil. De agora em diante, será destacado para as missões internas. Oportunamente, retornará as tarefas externas. Por agora, lhe suplico que aceite a ajuda e vá.

Antônio, contrariado, retirou-se acompanhado de um amigo. Enquanto a equipe de Saul não ousou emitir nenhuma palavra, apenas compreenderam e continuaram firmes nos iluminados objetivos.

Enquanto isso, no mundo físico, a secretária anunciou ao médico a chegada de Roberta, que pessoalmente foi recepcioná-la e não poupou sutilezas e bajulações, com o objetivo de não despertar qualquer tipo de suspeita contra ele.

Imediatamente atendeu-a, tranquilizou-a e ajustaram os procedimentos a serem executados ainda naquela tarde.

Uma enfermeira que participava de maneira conivente com o médico, preparava Roberta sobre uma maca e organizava detalhadamente os materiais esterilizados a serem utilizados.

Medicamentos e instrumentos já colocados de maneira organizada sugeriam que uma pequena cirurgia ocorreria.

Sem prolongarmos os desnecessários detalhes sórdidos e sombrios, tempo depois, Cláudio anunciava à enfermeira que o hediondo procedimento havia sido um sucesso.

Ambos constataram que a paciente estava sedada e confortável. Sem demora, retiraram-se da sala para aguardar que o efeito da droga passasse e Roberta apresentasse condições de ir para sua residência.

Cláudio na frente da enfermeira simulava grande preocupação com a paciente e demonstrava cuidados adicionais com a moça, mas enquanto a funcionária foi notificar Alberto sobre o término do trabalho, Cláudio sem nenhuma compaixão, voltou à sala.

Naquele momento, a mente de Cláudio estava devidamente vinculada à de Yara e recebia por meio de fios que possibilitavam a passagem de algo semelhante a um líquido turvo, transmissor de influências sombrias, para que ele realizasse a ação do mal com precisão.

Sem nenhuma compaixão, misturou as medicações que levaram Roberta a uma carga química que sobrecarregou as funções cardiorrespiratórias, levando-a à uma parada cardíaca.

Sem promover um gesto para salvar a vida da jovem, apenas assistia à agonizante luta entre a vida e a morte.

Para não levantar suspeita, recolheu as provas e retirou-se.

Momentos depois, Cláudio ordenou que a enfermeira fosse verificar o estado físico da paciente.

Ela, desesperada, adentrou a sala do médico e disse:

— Doutor, corra, a paciente não responde aos estímulos. Alguma coisa aconteceu.

Apressados foram para a sala onde Roberta estava. Ele, dissimulando e agindo como se nada soubesse do ocorrido, promovia os primeiros socorros tentando trazer Roberta à vida, mas ela, infelizmente, já apresentava o inevitável óbito.

Logo depois, Alberto chegou como combinado. Cláudio representando como se estivesse atuando, disse:

— Amigo, infelizmente ela não suportou os procedimentos, afinal, em tão pouco tempo traz, em seu histórico, vários casos de aborto. Nada pudemos fazer. Eu e a enfermeira lutamos para trazê-la de volta à vida, mas não tivemos êxito. Preciso que você notifique os familiares, pois já estou providenciando a documentação do óbito. Omitiremos a real natureza da morte por questões óbvias.

— Ela não tem família. Sou a única pessoa em sua vida, deixe comigo que farei o que for necessário.

Assim, temporariamente para o mundo físico, estava terminada a história de Roberta. Iniciando nova empreitada no mundo espiritual, ela experimentará as consequências de suas escolhas e o aprendizado do porvir.

Enquanto isso, no mundo espiritual, Roberta em profundo torpor era recepcionada pelos serviçais de Yara que a recolhiam daquele recinto levando-a, sob as ordens da líder de trevas, para seu mundo sombrio.

A equipe benevolente nada pôde fazer a favor de Roberta. Para eles restaria apenas o momento certo para agirem em nome de Deus.

Yara estava feliz porque havia cumprido seu objetivo, sem demora retirou-se.

Enquanto as sombrias criaturas fixavam a atenção em Roberta, a equipe de Saul aguardava o momento para acolher o espírito que tivera a encarnação interrompida precocemente.

Imediatamente, com precisão, Saul recolheu o espírito que foi levado à Cidade de Jade para receber o atendimento socorrista importante para aquele momento.

Saul e sua equipe, em silêncio, sem serem notados, promoveram o preciso recolhimento e ouviam com pesar as palavras ensandecidas daquelas criaturas hediondas.

Almério, com semblante triste, disse:

— Como sinto ver um companheiro de profissão em tamanho desvio diante de sua encarnação! Como um médico que recebeu de Jesus a missão de facilitar e manter a vida procede em direção tão contrária aos objetivos celestiais?

Saul não omitiu as lágrimas que lhe marcavam suas faces, mas com sabedoria e respeito, disse:

— Rebeldia e ignorância são os pilares que suportam as mais profundas dores, assim como, são as principais causas de muitos sofrimentos. Muitos homens, enveredando suas existências apenas no acúmulo dos bens materiais, desviam suas mentes dos objetivos de suas encarnações e mergulham cegos na mesquinhez e na avareza.

Impressões do próprio passado intensificam suas ações no presente, pois somos filhos de muitas vidas. Cada plano de encarnação traz em si muitas oportunidades de regeneração, reparação e evolução. Entretanto, ao experimentar a matéria, muitos cegam devido ao poder, dinheiro e evidência social, se perdem e esquecem da abençoada missão, a qual foi colocada em suas mãos.

Os médicos — continuou Saul — não estão ausentes de experimentarem as mesmas sensações e também estão suscetíveis de se entregarem a uma vida de aparências. Mesmo tendo realizado o juramento de Hipócrates, se esquecem de que ele não é realizado apenas para o mundo físico, mas sim para o mundo espiritual. Envolvidos pelo poder sobre a vida, se perdem em meio a tantos atrativos físicos e financeiros, imprimindo em suas existências características materialistas distantes de seus propósitos celestiais como Jesus afirmou:

> Amarás, pois, ao Senhor teu Deus de todo o teu coração, e de toda a tua alma, e de todo o teu entendimento, e de todas as tuas forças; este é o primeiro mandamento. E o segundo, semelhante a este, é: Amarás o teu próximo como a ti mesmo. Não há outro mandamento maior do que estes.[16]

Também não podemos esquecer que há muitos confrades que exercem com desvelo sua profissão e mesclam cada procedimento médico com os ensinamentos de Jesus sobre o amor ao próximo, fazendo valer a frase de Hipócrates: "Prometo solenemente consagrar a minha vida ao serviço da Humanidade".

— Suas palavras abrandam meu coração, — disse Almério, triste — mas a matéria chamada dinheiro ainda representa para os homens encarnados grandes testemunhos de fé e uma ampla escola que ensina como equilibrar as necessidades materiais às espirituais. Ninguém poderá ficar ausente de responder por suas ações, ainda mais aqueles que conhecem as verdades sobre a continuidade da vida.

— Sim, amigo — interveio Saul. — Não podemos nos esquecer dos ensinamentos de Jesus, registrados por Lucas:

"E disse ao povo: Acautelai-vos e guardai-vos de toda espécie de cobiça; porque a vida do homem não consiste na abundância das coisas que possui." [17]

A matéria é um patrimônio abençoado que Deus concede aos seus filhos para que tenham condições

---

16 - Nota do Autor Espiritual (Saul): Marcos, 12:30-31.
17 - Nota do Autor Espiritual (Saul): Lucas, 12:15.

de exercer suas tarefas quando encarnados. Como todas as demais coisas do universo, tudo deve ser utilizado com equilíbrio.

Após breve pausa, Saul continuou:

— Assistimos, recorrentemente, filhos de Deus retornar ao chão e não conseguirem absorver as lições que cercam a riqueza. Quando retornam com a missão de se modificarem e com a desculpa de fornecer aos seus familiares melhores condições de vida, se afastam de seus filhos, passam dias, horas e minutos em seus luxuosos escritórios ou clínicas e ali se inicia um círculo vicioso que retira sua atenção das coisas de Deus, de sua própria evolução e da vida, transformando-os em escravos de sua suposta profissão.

— E quando despertam para a realidade — interveio Felipe — o tempo se estendeu demais e é chegada a hora do retorno ao mundo espiritual. Quando estão aqui, percebem, arrependidos, que perderam uma vida em razão do acúmulo da riqueza.

— Meu filho, você está correto — disse Saul. — A existência dos filhos de Deus não está alicerçada apenas a uma exuberante riqueza que possui, mas na certeza que cada construção física ou espiritual está muito bem elaborada sobre os pilares que atendem aos desígnios fraternos de nosso Senhor.

— Muitos — tornou Almério — em razão da busca enfermiça pelo dinheiro, perdem a paz íntima e acumulam máculas em suas existências que, por muitas vezes, serão necessários diversos retornos ao corpo físico para o refazimento. Quantos homens com excesso de dinheiro se torturam devido aos diversos problemas que cercam seu caminho e por não compreenderem o que significa dividir, ajudar ou administrá-lo com razão e simplicidade.

— A vaidade é o grande engenheiro das aflições e, consequentemente, a ruína do processo de elevação de cada um de nós — disse Saul. — Cada vida é uma escola a ser vivenciada com liberdade, mas com responsabilidade, sabendo sempre que acima das leis dos homens, do querer material, impera radiante a sabedoria e o amor de Deus.

Saul abaixou a cabeça, cerrou os olhos, buscou no Altíssimo inspiração e encerrou aquela conversação, envolvendo seus amigos em sublime oração:

— "Senhor, diante de tanta insensatez que ainda envolve os corações dos homens, ensina-nos a compreender as diferenças como Jesus exemplificou quando esteve na Terra:

Não sentenciou o avarento, mas compreendeu e esperou, pois sabia que todos, indeterminadamente, são resultados de seu paterno coração.

Não puniu quem errou quando foi sentenciado a cruz, mas ensinou o perdão, pois quando o homem está diante de suas dificuldades, muitas vezes, não sabe o que quer ou que faz.

Não castigou os discípulos que se desviaram da rota de luz, mas ofertou, por meio da reencarnação, nova oportunidade de regeneração.

Não hostilizou aqueles que se encontravam nas sombras, mas acolheu sem preconceitos os filhos decaídos e os direcionou a luz.

Nesse momento, diante de tão grande ensinamento e aprendizado, suplicamos:

Que resplandeça sobre a Terra seu amor e que ele possa converter cada filho seu temporariamente transviado em um trabalhador de sua grandiosa obra evolutiva.

Que cada criminoso seja considerado um enfermo, que mesmo necessitando de muitas vidas regenerativas, encontrará seu coração no momento oportuno.

Que a crueldade de romper uma vida seja transformada em consciência, respeito e amor ao próximo.

Que aqueles que carregam nas mãos as chaves dos mundos, nas condições de profissionais da saúde, doutores das leis, administradores das organizações da Terra e muito mais, sejam revestidos pelo espírito eterno de sua complacência e pela fortaleza digna de sua luz."

CAPÍTULO 12

Dolorosa crise da doença de Alzheimer

Forte influência das trevas

Por que tendes medo? Ainda não tendes fé?

Marcos, 4:40

Enquanto Alberto vivenciava suas experiências amorosas e promovia tamanho sofrimento ao coração de Rita, em Leopoldo de Alcântara, Fátima vencia corajosamente os difíceis desafios familiares. Do outro lado da cidade, Rita também se encontrava em complexa situação.

Naquela tarde, dona Amélia despertou agitada. Quando dona Luísa chegou, Rita, visivelmente desesperada, disse:

— Hoje ela está apresentando aqueles inexplicáveis surtos de agressividade. Por Deus, passei a noite em claro. Minha filha queria ficar em casa, mas pedi que fosse para a universidade — aflita, Rita continuou: — Além do mais, estou cheia de encomendas de costuras para entregar. Não sei o que fazer.

Dona Luísa aproximando-se de Rita, identificou os vergões em seus braços, promovidos por dona Amélia devido à crise que lhe visitava o corpo e o espírito, com espanto, perguntou:

— Por Deus, o que é isso?

Envergonhada e exausta, o estado de Rita era digno de comiseração. Na cozinha de sua casa, sentou-se junto à mesa e sem esconder as lágrimas respondeu:

— Já presenciei muitos quadros semelhantes, entretanto hoje ela está pior. De tudo que vi ao longo da evolução da doença, esse surto de agressividade, irritabilidade e inexplicável inquietação nunca havia ocorrido. Chegou até jurar-me de morte e quando me aproximo, ela piora. Acredite, não conseguiremos levá-la ao médico. Não sei o que fazer, ela precisa ser medicada urgentemente.

— Ora, não podemos nos angustiar — disse dona Luísa. — Arranjaremos tudo que for necessário. Você tem razão, diante do quadro, não teremos condições de retirá-la daqui para o hospital. O que lhe parece chamarmos Fátima para nos auxiliar? Temos um amigo em comum chamado Nestor, ele não recusará um pedido de nossa amiga.

— Infelizmente, não tenho ninguém a quem recorrer, sou filha única — secando a lágrima, Rita continuou: — Fátima é minha irmã de coração e sempre esteve ao meu lado. Agora mais que nunca estamos unidas pelos vínculos do coração, afinal nossos filhos logo se casarão — pensativa disse — mas não quero incomodá-la e também sequer conheço esse senhor.

— Fátima tem um coração bondoso — disse dona Luísa. — Ela falou muito bem de você e pediu que lhe auxiliasse no trato com dona Amélia. Pelo que posso perceber o carinho entre vocês é recíproco, ambas falam a mesma coisa e também se orgulham de seus filhos estarem juntos.

— Que Deus a abençoe — disse Rita. — Acredite, temia que se recusasse a trabalhar em minha casa, afinal muitas cuidadoras diante de crises semelhantes foram embora.

Algum tempo depois, Rita, refeita, autorizou dona Luísa a entrar em contato com Fátima.

— Vamos, não perca tempo, tenhamos fé em Jesus que nos guiará em tão especial tarefa — esboçando um breve sorriso de paz, dona Luísa tornou: — Agora vá cuidar desses arranhões porque temos muito trabalho hoje.

Após explicar rapidamente a Fátima o que ocorria naquela residência, dona Luísa foi ao quarto de dona Amélia para tentar ajudar e entender as ocorrências.

De súbito, deparou-se com a enferma completamente sem controle. Imediatamente, apoiou-se em fervorosa prece, pois além da matéria, ela havia concluído que forte influência espiritual, advinda das trevas, estava atuando naquele momento.

Em menos de uma hora, lá estava Fátima, prestativa, acompanhada de Nestor que, na condição de médico, não se negou a atender a enferma.

Após as rápidas saudações, dona Luísa resumiu-lhes a situação física e espiritual da paciente. Rita não escondia o pavor, mas tudo que a amorosa cuidadora lhe dizia, ela acatava sem restrições.

— Perdoe-me chamá-los para vir até aqui — disse dona Luísa — mas sei que além da gravidade da doença, algo mais ocorre e posso afirmar que não é nada bom. Pelas experiências vivenciadas na instituição espírita, estamos diante de grande processo obsessivo. Por isso, devemos manter a vigilância para auxiliar no que for necessário.

— Querida, fez muito bem ter me chamado. Quando lhe indiquei para trabalhar aqui, disse que o que precisasse eu lhe ajudaria — Fátima, respirando profundamente, prosseguiu: — Você e Nestor são médiuns experientes na instituição que frequentamos, se me diz que algo além de nossos olhos ocorre aqui, acredito. Não diria que estou pronta para este trabalho, mas ajudarei no que precisar.

— Sim, não temos tempo a perder — disse dona Luísa. — Façam o que eu disse: você, Fátima, ficará aqui com Rita e conduzirá o Evangelho no Lar; enquanto isso, eu e Nestor, iremos cuidar de dona Amélia. Confiemos em Jesus, pois creio que triunfaremos com a ajuda dos amigos bondosos que habitam no mundo invisível que, ao certo, nos auxiliarão nesse difícil momento.

Assim foi feito, como Fátima trazia consigo *O Evangelho Segundo o Espiritismo* em sua bolsa, preparou e iniciou os procedimentos necessários, unidos à fervorosa demonstração de fé.

Enquanto isso, Nestor e dona Luísa adentraram o quarto de dona Amélia, que andava de um lado para outro, vociferando continuamente sucessivas frases sombrias.

Em um ambiente inenarrável, uma forte densidade envolvia o recinto e a enferma, que apresentava estágio avançado de Alzheimer, mas que ainda não havia lhe limitado a função básica da locomoção, se batia com uma força incomum, como se fosse vítima de grande perturbação.

A lucidez já lhe era ausente e apresentando severo quadro de incontinência urinária e fecal, pouparemos o leitor na descrição das cenas, evocando apenas compaixão de todos os corações envolvidos neste relato.

Ao vê-los, dona Amélia rasgou as vestes e sem conter-se avançou vorazmente contra eles, com a força semelhante a dois homens.

Dona Luísa com imensa capacidade de compreensão, amorosamente tentou conter-lhe a fúria, mas sem sucesso.

Nestor acostumado com os sintomas daquela patologia, imediatamente conteve dona Amélia no leito e a imobilizou dentro dos procedimentos médicos éticos requeridos.

Após uma luta quase inglória, dona Luísa não poupou esforços e intensificou a oração unida à sequência de passes, que aos poucos foi trazendo um inexplicável serenar àquela alma afoita. Com isso, possibilitou que Nestor a medicasse adequadamente.

Enquanto isso, no invisível, a densidade daquele local era o resultado do agrupamento de criaturas visivelmente densas em seus corpos espirituais.

Guardiões sombrios protegiam o recinto para que Yara pudesse liderar aquela ação do mal. Seguindo os objetivos maléficos, Adelinda conduzia as ações sombrias e se mantinha fiel às ordens de Yara.

Yara presente no local agia de forma a intensificar as atitudes de Adelinda que sem piedade, derramava sobre dona Amélia, por meios de suas mãos, fios negros que estavam ligados diretamente no sistema nervoso central, consequentemente, intensificando os sintomas da doença degenerativa.

Enquanto de um lado Yara agia para as sombras, do outro, Saul atuava para a luz. Sob suas ordens, os emissários celestiais agiam de maneira organizada e, unidos por uma sintonia superior, mantendo-se em calorosa prece, travavam uma difícil batalha contra o mal. Aos poucos, a densidade do ambiente se transformava. O cinza presente dava lugar a uma luz azulada de intenso brilho.

Os seres temporariamente envolvidos pelas sombras devido suas condições de inferioridade moral, não compreendiam aquelas ocorrências. Sem conseguirem ver Saul e seus amigos, envolvidos por pensamentos inferiores, não omitiam a mescla de medo, agitação e incompreensão.

Dignos de compaixão assemelhavam-se a animais acuados que não conseguiam mais agir.

Yara ordenava-os sob gritos amargos:

— Inúteis. Como não veem estes miseráveis iluminados? Vocês serão levados para meu mundo e lá saberei o que fazer com cada um. Serão punidos severamente sob as sentenças de minhas leis. Não podemos ser vencidos por esses malditos.

Yara, sem piedade, lançava contra seus súditos um fluído negro que, ao tocá-los, parecia rasgar seus corpos espirituais deformados, dando-lhes a sofrida sensação de ácido queimando-os sem compaixão.

Ela, completamente envolvida pelas sombras, expandiu-se em meios às trevas que revestiam seu corpo espiritual.

Saul, unindo-se aos amigos, tentou inutilmente transmitir-lhe uma luz dourada, buscando tocar-lhe o coração e serenar aquele espírito por tanto tempo empedernido. O emissário bendito, com compaixão, permitiu-se ser visto por ela e Adelinda. Yara ao vê-lo, sem piedade, disse:

— Ora, ora, nos encontramos novamente, Saul, o bondoso médico da Cidade de Jade, conhecido e respeitado por acolher corações destruídos e que não se cansa de tentar trazer a luz ao meu mundo! — disse Yara, visivelmente cheia de ódio. — Entretanto, reconheço: você é persistente, não desiste tão fácil, afinal são tantos anos de uma batalha sem fim entre eu que represento as trevas e Jade que representa a luz.

— Enquanto for a vontade Jesus, jamais desistirei de você, continuarei ativamente atuando para atingir os objetivos celestiais — interveio Saul, com respeito e firmeza. — Sei esperar e acredito que libertará Adelinda, afinal são muitos anos subjugada às suas leis. Como também acredito que um dia seu coração será abrandado pela força do amor e da luz.

— Acredita mesmo que libertarei Adelinda? Não passa de uma suicida que buscou minha ajuda e agora atua para nos trazer Demétrio, — aquele egípcio inescrupuloso e forte que tanto preciso em meu mundo. Depois darei um fim em Adelinda, que acredita fielmente que o trarei para ela. — Yara emitindo sonora gargalhada, prosseguiu: — Pobre infeliz! Como é fácil subjugar os corações sofridos por amor. Muitos são capazes de tudo por seus supostos amores.

No mais, também devo reconhecer que a estratégia dos iluminados em promover a reencarnação de Demétrio como Alberto, com o objetivo de separar temporariamente Adelinda dele, foi quase perfeita, mas não contavam que descobriríamos. Estavam totalmente equivocados. Ele pactua com a minha energia e se alimenta da luxúria, do dinheiro e das fraquezas que os homens encarnados apreciam.

Yara, completamente ensandecida, mas mantendo-se em intocável posição de líder, percebeu que Saul e sua equipe expandiam-se em luz, pois recebiam o reforço dos emissários da Cidade de Jade, entre eles Débora e Ambrosio.

Ela sem conseguir vê-los, apenas percebia suas presenças: o que intensificava sua ira e se mantendo em sombria posição, vociferou:

— Então Saul buscou ajuda. Sei que estão presentes os iluminados — com profunda ironia, Yara continuou: — A mim não engana, você e os demais imprestáveis daquela maldita Cidade de Jade não perderão por esperar minha vingança. Por agora, experimentarão um pouco de veneno. Vejam e sofram.

Imediatamente, Yara expandiu-se em meio às trevas e vinculou-se à mente de Adelinda, influenciando-a sem piedade. Sem conseguir se desviar de tamanha influência, Adelinda olhou friamente para Saul e aos gritos disse:

— Malditos iluminados. Acreditaram que poderiam esconder Demétrio de mim por meio de uma reencarnação? Tolos! Estão terrivelmente equivocados. Eu sempre o encontrarei e jamais o abandonarei. Viveremos nosso amor, pois foi seu Deus o causador de nossa separação. Por um tempo tive dificuldade em encontrá-lo, mas o encontrei e nunca nos desvencilharemos — entre quase uivos, Adelinda continuou:— Ele é meu.

Adelinda em visível estado de ódio, continuou as sombrias juras de vingança:

— Como puderam fazer ele se consorciar a Rita? Creiam, farei a vida dessa mulher um vale de suplício. Já iniciei o processo por meio dessa louca, dona Amélia, que já está completamente manipulada por mim e pelos meus companheiros.

— Rita — emendou Saul — é a devotada esposa que traz nas mãos a tarefa de colaborar com o esposo para tentar fazê-lo aproveitar da melhor forma a oportunidade da reencarnação e desempenhar seu novo papel na condição de pai e esposo, melhorando seu caráter para o bem. Ele voltou ao círculo carnal para encontrar a força do amor, mas infelizmente, com sua ajuda, ele se envolveu nos cipoais de seus caprichos humanos.

Com os olhos ardentes, Adelinda interveio:

— Por muito tempo mantive Adriano, filho de sua melhor amiga, Fátima, sob meu domínio. Naquela oportunidade, eles apresentavam grandes fragilidades morais quanto ao sexo e a luxúria, o que me facilitou influenciá-los para as sombras que se afinavam. Infelizmente, cometi um erro.

— Acreditei que ele já estava absolutamente sob meu comando por ser um frequentador assíduo dos lugares de baixa frequência. Infelizmente, não contava que sua mãe, a maldita Fátima, se converteria ao espiritismo em busca de auxílio e promoveria em sua casa uma revolução religiosa. Isso facilitou muito sua ação e sua temporária vitória.

— Filha — disse Saul com comiseração — compreendo seu coração empedernido e sei que Jesus também não lhe julga, apenas roga lucidez à sua mente. Você enumera as maldades realizadas contra tantos, mas suplico que liberte dona Amélia que já padece e paga os erros do próprio passado com a doença degenerativa atual e cumpre, com muita dificuldade, as lições que não foram compreendidas em suas encarnações.

Ninguém está ausente de contrair muitas dívidas na esfera carnal — disse Saul — mas Jesus sempre oferece nova oportunidade, um novo começo. Ao renascer na Terra, cada um vivencia a experiência que lhe é oportuna, mas isso não significa ganhar as batalhas terrenas. Ao reencarnar, Demétrio recebeu das mãos celestiais a oportunidade de modificar-se. Por isso, é importante que o ajude a atravessar os portais carnais com dignidade. Tenha compaixão. Liberte dona Amélia, assim como Demétrio, hoje Alberto.

— Libertar o amor de minha vida? — gritou Adelinda enfurecida — Libertar alguém que escravizou tantos corações? Estou aqui para fazer justiça. Morte aos escravocratas. Aqui vingo meu passado[18]

---

18 - Nota do Autor Espiritual (Saul): aqui Adelinda se refere à história narrada outrora por meus amigos Ferdinando e Bernard no livro *O símbolo da vida*.

quando ela escravizou minha mãe a qual sequer conheci, mas jurei que quando descobrisse quem fez esse ato, não deixaria jamais em paz — aproximando-se do leito de dona Amélia, Adelinda, com sarcasmo, continuou: —Aqui está a bondosa velhinha que participava das novenas incansáveis da igreja orando pela filha, genro e a maldita neta. Tolos são os encarnados que só veem o que os olhos materiais alcançam.

Ela, além de escravizar, foi responsável por muitos desviados de meu mundo. Praticou a venda de muitas jovens que se prostituíram para alimentar as vaidades e o luxo em que vivia dona Amélia no passado. Todas as vítimas dessa mísera estão sob os meus cuidados em meu mundo.

Em um golpe súbito, Felipe, sob as ordens de Saul, aproveitando a oportunidade rompeu o turvo vínculo energético entre Adelinda e dona Amélia. Ela, sem suportar a luz intensa sobre si, caiu de joelhos, sem forças. Yara recebendo a força da luz, quebrou o vínculo mental com Adelinda, rompendo o círculo vicioso de influências das trevas.

Yara imediatamente colocou-se diante de Felipe e revidou o golpe com as sombras. Ela, completamente contrariada e cheia de ódio, analisou rapidamente o ambiente e, tentando desestabilizar o benfeitor, disse com ironia:

— Acredita que venceu essa batalha, mas olhe os soldados que escolheu para lutar contra mim no mundo físico: o médico é um homem inexpressivo que se converteu em razão de suas próprias dores, em busca de alívio para sua viuvez, não pela estrada do amor. Com ele, atuaremos oportunamente — em sonora gargalhada, olhando para dona Luísa, Yara continuou:

— Ela em breve retornará para cá em virtude de seus próprios hábitos inferiores relacionados à alimentação. Desregrada, abrevia lentamente seus dias e apresenta o coração sobrecarregado em virtude dos alimentos consumidos compulsivamente. Aproveitaremos suas fraquezas, elas serão minha vitória.

Quanto a você Saul, o médico bondoso, nada poderá fazer para ajudá-la, afinal os iluminados respeitam o livre-arbítrio — com os olhos avermelhados, continuou: — Saul, você não tem nenhum médium capaz de me enfrentar nessa batalha contra a Cidade de Jade e seus habitantes de luz. Sei que os reforços que trouxe estão agindo no invisível, mas tudo é inútil. Apenas me aguardem.

Olhando friamente para Adelinda que estava exaurida e enfraquecida, Yara vertendo ódio, sentenciou:

— Imprestável. Você receberá a pena correta ao chegarmos ao meu mundo.

— Por misericórdia — suplicou Adelinda — dê-me nova oportunidade, confie, não a decepcionarei. Minha senhora, sou-lhe fiel eternamente, pois apenas quero Demétrio e por ele farei tudo que ordenar. Não suportei o golpe de luz dos iluminados, mas ao seu lado lutarei até o fim contra eles.

Ignorando-a, Yara ordenou, severamente, que aquelas sombrias criaturas se retirassem. Sem ousar contradizê-la, obedeceram fielmente.

Enquanto isso, no mundo físico, Nestor, dona Luísa e Fátima unidos pela fé, oravam fervorosamente.

Tempo depois, sem explicação, todos foram surpreendidos com dona Amélia que se acalmou e adormeceu serena.

No invisível, a equipe de Saul trabalhava fortemente para harmonizar o ambiente, retirando a densidade e dando lugar a uma indescritível paz.

CAPÍTULO 13

Entendendo a violenta perseguição

Levanta-te, toma o teu leito e anda?

Marcos, 2:9

Tempo depois, no mundo físico, Rita e Fátima adentraram o recinto.

— Que Deus nos abençoe — disse dona Luísa, exausta. — Ela está mais calma, aproveitarei para banhá-la e alimentá-la.

Logo após, com rapidez e carinho, a cuidadora tratou da enferma, enquanto Rita e Fátima organizavam e higienizavam o quarto que se assemelhava a um campo de guerra.

Em seguida, devido à medicação bem orientada pelo médico Nestor, dona Amélia adormeceu tranquila.

Rita com carinho preparou um chá para os amigos. Nestor, com ética, entrou em contato com o médico de dona Amélia para relatar-lhe o quadro vivido e a necessária adequação medicamentosa que era importante para aquele momento.

Ao final de prescrever os receituários com a concordância do médico responsável pelo tratamento de dona Amélia, disse:

— Aqui está a nova receita, espero que dona Amélia se adapte rapidamente ao novo remédio e assim se sinta melhor — preocupado, Nestor continuou: — É importante levá-la para realizar alguns exames. Identifiquei que está com algum comprometimento cardiorrespiratório que precisa de atenção e cuidados.

Rita, visivelmente preocupada, pediu:

— Por favor, não me esconda nada. Prefiro a verdade, assim posso estar preparada para o amanhã e mais fortalecida para enfrentar a triste realidade.

— O estado geral de saúde de sua mãe não é um dos melhores — continuou Nestor. — Já relatei ao colega que cuida dela e ele também está de acordo. Ela precisa de cuidados e recomendo uma internação. Vou ajudar com os procedimentos, hoje ela está medicada e poderá passar a noite aqui, mas amanhã, vamos levá-la para o hospital.

— Não ousarei dizer o contrário. Amanhã farei o que me recomenda — disse Rita, entristecida. — Não sabia que ela pudesse desenvolver alguma doença assim.

— O enfermo acometido de Alzheimer — interveio Nestor, com respeito — normalmente não desencarna da doença, mas de outras patologias que surgem ao longo do tempo, como a baixa da imunidade, que propicia doenças oportunistas que podem levar ao óbito.

Infelizmente, a doença avança veloz, antes de destruir as funções primárias como o ato de alimentar-se ou perder o controle motor e a capacidade de se movimentar, lembranças recentes e passadas são apagadas. Assim, começa uma demência degenerativa sem reversão.

Pelo que pude percebeu e concluir brevemente é que sua mãe já era cardíaca e agora há uma evidente progressão da limitação do músculo do coração que, junto ao Alzheimer e à idade se acentuou consideravelmente. Infelizmente, o estado de saúde de sua mãe não é um dos melhores.

— Acredite, venho aos poucos me preparando para sua partida — disse Rita, triste — O médico disse que nada pode fazer e que cabe a mim apenas esperar — Rita secando a lágrima tímida, prosseguiu: — Todos os dias penso no que deixei de fazer em favor de minha mãe. Só quem cuida de um idoso compreende o que significa e o quanto é difícil. Ainda mais em um estado assim, mas tentamos cuidar com amor. Não reclamo jamais porque quando ela estava boa me ajudou a criar minha filha, mas agora sequer nos reconhece. Foi muito triste vê-la em progressiva perda de memória.

— Foi tudo muito rápido — disse Rita. — De um dia para outro se esquecia das coisas e logo não pude mais deixá-la sair sozinha. Temia que se perdesse. Em pouco tempo, ela não nos reconhecia mais. O que mais me incomoda são as crises de agressividade que, confesso, foram muitas. Não consigo entender o que ocorreu hoje aqui. Fazia muito tempo que ela sequer falava, estava totalmente dependente. Hoje parece que estava sob a força de muitos.

— O Alzheimer é uma preocupação das autoridades médicas — disse Nestor — Entretanto, apesar dos esforços, o meio científico ainda não conseguiu desenvolver um tratamento eficaz para eliminar esse mal, mas não podemos desassociar o tratamento médico da assistência espiritual. Ambos podem conceder uma qualidade de vida mais adequada àqueles que sofrem desse mal.

— Amigo — disse dona Luísa — não podemos esquecer que além do remédio da carne, nossa enferma precisa do alimento do espírito.

Rita, admirada, disse:

— Pelo que posso perceber, todos são espíritas. Percebi o que fizeram aqui. Mesmo sem ter a mínima noção das ocorrências que vivenciamos, quero lhes agradecer a bondade com que trataram minha mãe. Também me surpreendi pelo modo que enfrentam a difícil situação com amor e dedicação.

— Querida — disse Fátima —aprendi com o espiritismo a enfrentar as dificuldades com mais resignação e fé.

— Perdoem-me, mas não entendi — devolveu Rita — Por que após fazerem a imposição das mãos sobre minha mãe ela se acalmou? Esse Alzheimer é tão complexo que foge ao entendimento racional. Será que o espiritismo poderia explicar tão grande provação?

Nesse momento, no invisível, o benfeitor Almério, orientado por Saul, envolveu Nestor para que suas palavras não mais refletissem os conceitos científicos da medicina humana, mas sim, a sabedoria das leis superiores com o objetivo de acalentar aqueles corações em temporário estado de sofrimento.

— Mesmo sendo um profissional da área médica — tornou Nestor — compartilho de sua opinião. A medicina tenta compreender essa doença que tanto faz sofrer o paciente e não deixa de ser uma grande prova de paciência aos familiares. Sem dúvida, há componentes espirituais que não podemos desprezar.

— Esse processo degenerativo pode estar ligado a expiações para aqueles que sofrem da doença, assim como para os familiares que, em muitas situações, não se encontram preparados para compreender a degeneração neural daqueles que amam. Não podemos esquecer que não somos filhos de uma única vida e nossos atos passados nos exigem reajustes.

Em breve pausa, Nestor suspirou profundamente e continuou:

— O quadro de saúde dos pacientes com Alzheimer, em muitos casos, se agrava quando adversários do passado utilizam essa demência para atingir sua vítima, porque o cérebro está em uma condição passiva, impossibilitado de utilizar o lado racional para defender-se de tal influência.

Além disso, impede a vítima de exercer a oração e utilizar a amorosidade para entrar em sintonia com Deus. Resultado disso, os obsessores percebendo uma brecha na memória devido ao declínio cognitivo, subjugam o doente à vontade de seu obsessor.

Consequentemente, sob essa influência, resta ao paciente sofrer com os danos graves que impactarão as funções cerebrais, agravando seu estado de saúde. Além de causar grande perturbação aos familiares, aos cuidadores, médicos ou qualquer um que esteja próximo dele.

— Por Deus! Como pode um morto influenciar alguém que esteja vivo desta maneira tão assustadora? — perguntou Rita.

— Compreendo sua indignação — disse, com carinho, Nestor — Quando desconhecemos os aspectos sobre a continuidade da vida e os conceitos espíritas, acreditamos que nada existe além da matéria. Felizmente, esse conceito está equivocado. Somos filhos de muitas existências e em cada uma delas semeamos o bem e o mal, a alegria e a tristeza, o amor e o ódio. Entretanto, dependendo de nossas atitudes, alguns espíritos libertos do corpo físico, influenciam de forma direta ou indireta aqueles que estão vivos.

— Qual é o mecanismo que utilizam para esse feito? — indagou Rita.

— Por meio de nosso pensamento — interveio Fátima — entre outras coisas, das atitudes inferiores, invigilância, falta de Deus em si, falta de fé e, sobretudo, pela falta do estudo e da oração. Minha querida, acredite, aprendi sobre isso com a vivência dentro de meu próprio lar e nas reuniões na instituição que frequento. Aos poucos, me liberto de minha ignorância e fortifico a força de Deus em mim.

— Meus amigos — disse Rita — como familiares e cuidadores podem amenizar esse quadro tão hostil?

— Por meio da oração — respondeu Nestor — e, sobretudo, compreender que não podemos retirar de ninguém as suas provações, mesmo sendo um grande amor de nossas vidas, não nos cabe requerer a transferência do sofrimento para si, como muitos suplicam a Deus: "Senhor, retire dele o sofrimento e deixe para mim."

Aqueles que estão próximos de um enfermo de Alzheimer devem exercitar todos os dias a paciência, buscar ajuda de profissionais competentes para auxiliá-los na aceitação da doença e aprender a lidar com a enfermidade e, sem dúvida, jamais se ausentar de Deus, fortificando sua fé por meio da instrução e do amor.

— Também não podemos esquecer — interveio Fátima — que o Evangelho no Lar e é uma grande medicação para equilibrar e higienizar o ambiente onde vivemos. Com esta prática, o lar ficará protegido e em harmonia, mesmo diante de difícil quadro.

Rita estava admirada diante de tamanho esclarecimento, com carinho, disse:

— Procurei em meu credo essas respostas e não encontrei. Hoje, diante de tudo que vivi, Jesus generosamente permitiu que eu fosse presenteada por tamanho conhecimento. Quero um dia conhecer o espiritismo e a instituição que frequentam — disse Rita — o que dizem me acalma o coração e esclarece as dúvidas silenciosas que trago em meu coração.

Nesse ínterim, dona Luísa interrompeu a conversação:

— Com a graça de Deus, dona Amélia está calma e dorme tranquila, agora tenho que partir, pois afazeres domésticos em minha casa me esperam. Acreditem, não são poucos e para o jantar preparei alguns pratos italianos.

— Minha amiga — disse Fátima — tenho consciência de que os afazeres domésticos nos consomem, mas lembre-se de se cuidar. Há dias você não anda muito bem com essas crises de hipertensão. Lembre-se de que temos de cuidar do espírito, mas o corpo é nosso grande patrimônio e precisa ser zelado.

— Eu sei — disse dona Luísa sorrindo — mas como resistir aos quitutes que aprendi com minha avó. Todos brigam comigo para eu ter parcimônia com o sal, mas não consigo. Eis minha fraqueza, a alimentação.

Alterando o rumo da conversação, Nestor disse:

— Também preciso partir, esperarei ansioso pela oportunidade de levá-la a uma reunião na instituição espírita, tenho certeza de que ficará encantada com tudo e todos.

Despedindo-se de Rita, Nestor ofereceu-se para levar Fátima e dona Luísa às suas residências. Enquanto isso, no invisível, os guardiões da luz mantinham-se em vigilância, mantendo a harmonia daquele lar e afastando as sombras daquele recinto.

No dia seguinte, seguindo as recomendações de Nestor, Rita transferiu sua mãe para o hospital local.

Com a ajuda de Nestor, dona Amélia, que apresentava forte falta de ar, foi internada apresentando uma vertiginosa piora em seu estado de saúde geral.

Ao chegarem, não tardou para internarem a enferma na unidade de tratamento intensivo.

Cinco dias seguiram de sacrifícios intensos para a família de Rita.

Alberto continuava ausente, pois havia viajado aos Estados Unidos a trabalho, ficando nas mãos de Rita o sacrifício das difíceis tomadas de decisão quanto à condução do estado de saúde de sua mãe.

Sem poder contar com o apoio do esposo, Fátima e Ricardo não se ausentavam do lado da amiga, enquanto Adriano e Sabrina permaneciam mais unidos e fortificavam dia a dia o relacionamento. O amor entre eles crescia tal qual uma semente que dava sinal aos primeiros brotos de linda flor.

Dona Luísa, cheia de compaixão, ajudava Rita o quanto podia. Enquanto Nestor, que se afeiçoava àquela mulher guerreira, também permanecia ao seu lado, apoiando-a e traduzindo os diagnósticos e relatórios médicos emitidos pelos profissionais daquele hospital.

Entretanto, dona Amélia apresentava visível piora. Devido aos dias na UTI, uma resistente bactéria consumia seu organismo e para contê-la, dona Amélia foi submetida a grandes cargas de antibióticos. Além disso, com as fortes medicações para a insuficiência cardiorrespiratória acentuada, os rins entraram em rápida falência, levando-a a iniciar o processo sofrido de hemodiálise.

Naquela manhã, a chuva tocava suave a vidraça da sala de espera do hospital. Dona Amélia lutava para viver, mas a sua piora era iminente. Nestor acompanhando cada procedimento, tentava junto aos colegas de profissão, fazer o melhor que podia, mas não tardou para que dona Amélia abandonasse o sofrimento do corpo físico e o óbito fosse constatado.

Cheio de coragem, após retirar as luvas plásticas e a máscara que protegia seu rosto, Nestor aproximou-se de Rita e em um gesto espontâneo, abraçou-a e disse:

— Confie em Jesus! Entregue a Deus sua mãe, pois agora ela não pertence mais a esse mundo.

Rita entre soluços, encontrava no abraço amigo o conforto para suas lágrimas.

Os amigos presentes imediatamente colocaram-se à disposição para auxiliá-la com as tarefas árduas do sepultamento.

Enquanto o corpo de dona Amélia era preparado para o sepultamento, no invisível, a equipe de Saul permanecia de prontidão.

Sob as diretrizes bondosas de Saul, os procedimentos médicos do mundo espiritual eram realizados com respeito e cuidado para preparar e transferir a recém-chegada à uma estância temporária de auxílio, antes de direcioná-la à Cidade de Jade.

De súbito, uma densidade e uma luz escurecida invadiram, sem piedade, o recinto. Era Adelinda, que acompanhada de seus guardiões das sombras, reivindicavam a posse daquela mulher.

— Vamos, iluminados, venho buscar o que me pertence.

— Filha de Deus! — exclamou Saul. — Ninguém é propriedade de ninguém, suplico-lhe que liberte essa mulher que, independente de seus débitos passados, já foi sentenciada a uma doença que depurou sua alma enquanto estava encarnada. No mais, há poucos dias você foi massacrada por Yara e mesmo assim se mantém fiel a ela?

— Não me venha com essas histórias — vociferou Adelinda. — Quero o que me pertence. Ela não merece misericórdia e já preparei para ela uma cela para que sua pena continue por milênios. Se eu levar essa imprestável para minha líder, ela me presenteará com Demétrio.

— Por mais que se esconda atrás de enorme maldade, dentro de você habita alguém que Jesus não esqueceu, por isso, aqui estamos nós. Yara não cumprirá com o prometido porque também é uma filha de Deus necessitada de amparo.

— É um tolo! Ela honrará a promessa e terei Demétrio ao meu lado — Adelinda, com ironia, mudando o rumo da conversação, prosseguiu: — Ora, sempre acreditando que um dia seguirei seus passos. Está enganado, enquanto eu viver entre os mundos que habito, sou a imperatriz dos corações decaídos, portanto farei a justiça de acordo com minhas leis e silenciarei todos aqueles que vivem por seu Jesus.

— Não creio em um mundo feito apenas para semear o mal, creio no amor e na bondade de Deus. Confio em sua compaixão e sei que libertará essa pobre mulher.

Nesse ínterim, dois seres distante da luz sob as ordens de Adelinda, irradiavam sobre dona Amélia uma luz acinzentada e fios negros envolviam o sistema cardíaco, transmitindo-lhe intenso infortúnio e perturbação.

Imediatamente, os emissários celestiais intensificaram a guarda e após uma batalha intensa, conseguiram anular a ação dos seguidores das sombras.

Adelinda, visivelmente enfurecida, gritava sem conter-se:

— Malditos! Acreditam-se vencedores, mas se curvarão diante de mim — olhando friamente para Saul, entre um grito mesclado de um sonoro uivo, disse:

— Respeitarei sua escolha, mas ao lado de Yara lutarei para destruir não somente a Cidade de Jade, mas o seu trabalho e de todos os iluminados que atuam no bem da Terra.

Caçarei, sem piedade, todos que estão vinculados à Amélia e não terei compaixão. Subjugarei um a um e farei os dias deles banhados pela chama do fogo e das trevas. Depois, por meio do sofrimento de seus amores, Saul, o verei se curvar diante de mim.

Sem conseguir atingir seus objetivos, Adelinda e seus companheiros retiraram-se, deixando para trás um rastro ácido de ódio e vingança.

Almério, com respeito, disse:

— Cada encontro que temos com Adelinda percebo que ela está mais endurecida. Confesso que oro em favor desse coração empedernido, mas infelizmente a realidade nos demonstra o contrário. Rogo a Jesus compaixão, assim como, para todos nós sabedoria e compreensão, pois não consigo vislumbrar a vitória a curto prazo.

— Amigo — interveio Saul — compreendo suas apreensões e compartilho suas preces, mas o momento exige vigilância e muito trabalho. Lembre-se de que não estamos sós e Jesus nos guiará. Temos que unir nossos corações e entender o momento de Adelinda. Um dia ela despertará desse pesadelo e encontrará o caminho de sua libertação. Temos que esperar, sem nos esquecer do trabalho e saber que Deus não abandonará nenhum filho sob o frio orvalho da noite ou na chama viva das trevas que gritam alto no coração de seus filhos.

Felipe, médico da equipe de Saul, preocupado, disse:

— Temos que reforçar a guarda. Temo por aqueles que estão próximos de Rita.

— Sim, meu filho — interveio Saul — buscaremos reforço na Cidade de Jade e também com a médium Irene[19] para nos auxiliar nesta difícil empreitada.

— Senhor — disse Almério — ela está longe de Leopoldo de Alcântara. Como faremos?

— Nestor será nosso meio. Ele a conheceu quando estava na cidade de São Paulo. Por agora, confiemos em Jesus e não percamos mais tempo, afinal uma batalha foi encerrada. Precisamos nos preparar para enfrentar a difícil tarefa que Yara nos reserva.

— Perdoe-me — disse Almério — mas Fátima e Ricardo estão aqui nesta cidade no interior de São Paulo. Como aproximá-los de Irene?

— Não se preocupe. Ricardo já abriu um estabelecimento em São Paulo, o que o faz viajar periodicamente para a capital. Enquanto isso, com o nosso auxílio, os vínculos de amizade entre ele e Nestor estão se fortalecendo. Isso nos ajudará com nossos objetivos.

Sem perda de tempo aqueles emissários do Cristo se retiraram e transferiram dona Amélia, em estado de profundo torpor, para uma estância intermediária para prepará-la para posteriormente seguir para a Cidade de Jade.

---

19 - Nota da médium: "os detalhes desta personagem foram relatadas nos livros *Os Anjos de Jade* e *Um Amanhecer para Recomeçar* — espírito Saul — psicografados por Gilvanize Balbino Pereira."

CAPÍTULO 14

O dia a dia

Violenta realidade

Ninguém pode entrar na casa de um homem forte e roubar os seus pertences, se primeiro não amarrar o homem forte; só então poderá roubar sua casa.

Marcos, 3:27

Dois meses seguiram após a morte de dona Amélia.

Naquela tarde, Alberto retornou para sua residência depois de longa viagem aos Estados Unidos.

Ao chegar, como de hábito, iniciou detalhada inspeção em sua casa, buscando a perfeição na limpeza, na posição dos objetos e, sobretudo, na arrumação de seus pertences.

Rita havia saído para realizar a entrega de uma encomenda de costura, e ao retornar encontrou o esposo sentado na sala principal, com um semblante austero.

Ela percebendo que o contrariava, com cuidado perguntou como havia sido sua viagem e antes de terminar a frase, foi subitamente interrompida:

— Quando cheguei nessa maldita cidade, parei na padaria e Ricardo, muito feliz, disse que seu filho e nossa filha estão namorando, além do mais decidiram se casar. Você escondeu isso de mim.

— Eu ia lhe contar sobre o casamento, mas foram tantos fatos que ocorreram nesse período de sua ausência — disse Rita, visivelmente nervosa. — A morte de minha mãe e os afazeres subsequentes que tomaram todo meu tempo. Estou muito feliz com os jovens e eles estão radiantes e, eu e seus pais, também estamos muito agradecidos ao Senhor por unir aqueles corações que se amam muito.

— Não me importo com a morte de sua mãe, afinal ela era um peso, mas me importo com o futuro de minha filha — respondeu Alberto com ódio. — Chega de tolices de amor, meus planos para ela são muito objetivos. Quero que ela se case com um homem rico e bem posicionado, não com um filho de um dono de padaria de uma cidade do interior.

Rita tentando aliviar a tensão do momento, prosseguiu:

— Como pais devemos aceitar as escolhas de nossos filhos e apoiá-los com amor. Além disso, essa união é uma bênção. Conhecemos Adriano desde pequenino e agora está se esforçando para terminar a faculdade e se estabelecer profissionalmente. Você também deveria estar feliz.

A tensão no ambiente era visível.

No invisível, seres envolvidos pelas sombras e companheiros de muito tempo de Alberto adentraram o recinto. Logo em seguida, Adelinda, majestosa, imediatamente uniu-se ao sistema nervoso daquele homem, emanando-lhe um fluido negro e subjugando-o aos seus desejos mais íntimos. Alberto acostumado àquela manobra das trevas, recebia as ordens sombrias em total sintonia.

Enquanto isso, Rita, nervosa, tentava abrandar a situação, mas cada palavra de amor ou atitude serena era inútil.

Após grande violência verbal e física a qual pouparemos o leitor dos detalhes, Alberto recolheu-se em seu escritório. Quando Sabrina chegou, logo percebeu que algo de mau havia acontecido. Sem perda de tempo, encontrou sua mãe chorando, sentada em uma cadeira na cozinha e escondendo o rosto entre as mãos devido ao grande hematoma que lhe marcava a face.

Sabrina imediatamente abraçou-a e com o costumeiro carinho, pousou um beijo na testa materna, tentando aliviar-lhe a dor e perguntou:

— Mãe, o que aconteceu aqui? Está chorando, abatida e ferida.

— Filha, não se preocupe, estou bem. Distraí-me e me feri na porta do armário — disse Rita, tentando disfarçar. — Rogo que vá para a casa de Fátima e fique por lá até que eu a chame de volta.

— Mais um daqueles ferimentos e acidentes misteriosos — emendou Sabrina, desconfiada. — Passei anos ouvindo isso, mas algo ocorreu aqui e não foi no armário. Não sairei de seu lado. Por que faria isso?

— Seu pai chegou, não está muito bem e também está muito nervoso com os assuntos do trabalho. Entretanto, descobriu que você pretende se casar com Adriano e não ficou muito feliz. Agora vá filha, eu o acalmarei.

Nesse momento, sem que houvesse tempo para qualquer ato, Alberto aproximou-se. Ao ver a filha, sem cumprimentos, foi diretamente dizendo:

— Então você decidiu se casar com Adriano, o filho do padeiro. Não lhe dei a melhor educação para me retribuir com isso. Exijo que acabe com essa história agora mesmo.

— Pai — disse Sabrina assustada com a atitude paterna, eu ia lhe contar, mas fazia tanto tempo que não retornava para casa que não tive oportunidade. Adriano é uma pessoa muito digna e honesta. O fato de ele ser o filho de um homem simples, não lhe anula os valores e integridade recebida por meio da educação de seus pais. Se você me ama, sei que aprovará nossa união. E não desistirei de minha felicidade.

Rita percebendo que a atitude da filha havia deixado Alberto mais irritado, interveio:

— Sabrina, minha querida, vá imediatamente para a casa de Fátima. Deixe que eu converso com seu pai.

— Essa maldita está me desafiando — retrucou Alberto, alterado, com os olhos avermelhados e enfurecido. — Se parece com sua imprestável mãe. Jamais aprovarei tamanha insanidade. No passado cometi um grande erro de ter casado com uma mulher inútil, pobre e ignorante como sua mãe. Você quer seguir o exemplo dela? Olhe para ela e veja o que poderá ser amanhã. Uma costureira sem valor algum ou uma balconista de padaria vivendo nesse lugar repugnante.

Se escolher continuar com está história absurda de casamento, seu futuro será permanecer nessa cidade, costurando e limpando. Agora, se ouvir meus conselhos, poderá ter uma vida luxuosa e cheia de benefícios — com os olhos avermelhados, continuou: — A escolha é sua.

Sabrina não escondendo as abundantes lágrimas, apavorada diante da fúria paterna que ela mesma desconhecia, encheu-se de coragem e o enfrentou:

— Não fale assim de minha mãe. Ela é uma mulher digna e um exemplo para mim. Você sempre esteve ausente e ela foi ao mesmo tempo mãe e pai, aliás o pai que nunca tive.

Alberto completamente enfurecido, lançou-se em direção à filha e desferiu um tapa em sua face.

Sabrina sem suportar o peso da violência, caiu no chão. Rita com imensa dificuldade, colocou-se na frente da filha e gritou:

— Agora chega! Todos esses anos suportei calada tamanho maus tratos, e ninguém soube o que se passou dentro dessa casa ou o que passei a seu lado, tampouco Sabrina. Por ela fui capaz de aguentar tanta violência e sua loucura, mas em se tratando de minha filha, não permitirei que faça nada com ela ou que levante a mesma mão que me levantou todos os dias que vivi sofrendo ao seu lado.

Alberto, surpreso com a reação inédita da esposa, não conteve o ímpeto e avançou vorazmente contra Rita — aos gritos:

— Está defendendo-a? Ambas são iguais. — Alberto olhando friamente para sua esposa continuou: — Você não passa de uma interiorana sem valor. Só me casei com você porque engravidou e meus pais com aqueles valores retrógrados me obrigaram a submeter meus dias ao lado de alguém que não está à altura de ser minha esposa.

Você não passa de uma mísera costureira e uma serviçal qualquer. Mantenho este casamento por conveniência social para meu trabalho, nada além disso, mas não suporto mais isso, para mim chegou ao fim.

Vou me separar de você, coisa que já deveria ter feito há muito tempo. Acredite, deixarei você onde a conheci, em extrema pobreza. Nada lhe darei. Vou tirar todos os seus bens e, você e Sabrina, poderão trabalhar como balconistas na padaria de Ricardo. Não as apoiarei em nada.

— Nunca pensei que diria isso — tornou Rita, com dificuldade — mas eis o que mais quero: separar-me de você.

Alberto sem conter a fúria, levantou-se e foi ao encontro de sua esposa. Como de outras vezes, pois não era a primeira ocorrência dessa natureza. De súbito, com extrema violência, desferiu um golpe no rosto da esposa. Rita, sem suportar o peso daquela atitude, caiu. Ele vorazmente, sem piedade, acometeu-a a sucessivos chutes.

A cena era digna de comiseração. Rita entre abundantes lágrimas mescladas de dor e vergonha, suplicou-lhe:

— Tenha compaixão. Por misericórdia suplico, não suporto mais tamanha violência.

Sabrina, desesperada, tentava inutilmente conter a fúria do pai, mas sem êxito, pegou o carro e foi para a casa de Fátima. Enquanto estava no caminho, relatava-lhe as ocorrências em total desespero.

Enquanto isso, o estado de Rita era indescritível, apenas digno de comiseração.

Alberto percebendo que havia se excedido, não perdeu tempo, pegou as mesmas malas que ainda não haviam sido desfeitas e covardemente, partiu, deixando Rita caída, enfrentando, mais uma vez, a difícil realidade.

No invisível, sem serem percebidos, os emissários do bem, sob as ordens Saul, dissiparam as trevas, enquanto Saul e Felipe, com carinho envolviam Rita com uma luz azulada.

Em indescritível gesto de amor, o ambiente que antes foi tomado pela violência, naquele momento, foi preenchido com uma luz dourada e por um perfume celestial. Em meio a esse clarão, o ministro de Jade, Ferdinando, acompanhado do fiel amigo Pedro, conduzia a benfeitora Débora até aquele local.

Ela tal qual uma mãe caridosa, extremamente humilde, voluntariamente aproximou-se de Rita e sem que ela percebesse, estendeu as mãos sobre sua fronte e derramou uma luz curadora.

Rita apesar do estado que exaltava compaixão e misericórdia, com extrema dificuldade e entre convulsivas lágrimas, reunindo coragem e o resto de dignidade que lhe sobrava na alma, orou:

— "Ensina-me Jesus:
A ver com razão;
A lutar sem esmorecer;

A viver com esperança mesmo quando meu coração sangra de dor;

A crer sem duvidar jamais de sua presença;

A seguir viva sem temer o amanhã.

Nas estradas de minha existência ensina-me a entender que as concessões vêm das suas abençoadas mãos, então me dá forças para suportar este martírio.

Aprendi que a dor tem seu significado e a luta nos fortalece, mas agora minhas forças se esgotaram e não quero mais continuar, perdoa-me Senhor, mas não quero continuar.

Se for seu desígnio eu caminhar um pouco mais, não permita que eu me esqueça de que o Senhor prometeu que 'Aquele que me segue não andará em trevas'[20], mas sim, seguirá amparado por suas mãos."

Aqueles emissários dos céus permaneceram ali até que Sabrina, desesperada, acompanhada de Fátima, Ricardo e Adriano, adentraram e se depararam com aquele cenário de horror.

Sabrina ao ver a mãe naquele estado, chorava convulsivamente e sem perder tempo, Fátima com sua objetividade controlou a situação. Pegou uma toalha e envolveu a amiga para conter o sangramento. Enquanto Ricardo e Adriano, com respeito, recolhiam-na quase desfalecida e acomodavam-na no carro. Em seguida, foram para o hospital da região, o qual oferecia as condições para atender o caso e onde Nestor, já notificado das ocorrências, esperava a chegada dos amigos.

---

20 - Nota do autor espiritual (Saul): João, 8:12.

CAPÍTULO 15

Alterar o rumo da vida para continuar vivendo

Ninguém faz remendo de pano novo em roupa velha; porque a peça nova repuxa o vestido velho e o rasgo aumenta.

Marcos, 2:21

Assim que chegaram, Rita foi atendida por Nestor que, acompanhado do plantonista, haviam estabilizado o quadro clínico daquela mulher, mas que ainda requeria muitos cuidados.

As agressões foram severas. Os médicos realizam todos os procedimentos e exames necessários para manter o controle da situação.

Tempo depois, Nestor aproximou-se dos amigos e os notificou:

— O quadro atual de Rita está estabilizado. A princípio, acreditamos que o melhor seria transferi-la para um hospital de São Paulo, pois havia uma suspeita de traumatismo craniano. Para concluirmos o diagnóstico preciso de um exame mais específico, mas o equipamento que há aqui está indisponível.

— Por Deus! — exclamou Fátima — o que faremos?

— Aqui não temos os equipamentos necessários, na capital, ela receberá melhor assistência — justificou Nestor, visivelmente preocupado — apesar de estabilizarmos o quadro, ela sofreu muitos traumas e não podemos ignorá-los. O melhor é a transferirmos o quanto antes.

— Amigo — disse Ricardo — faça o que tiver que fazer, tenho uma casa em São Paulo e vamos para lá. Fátima poderá ficar com ela o tempo que for necessário. Além do mais, os custos médicos eu mesmo assumirei.

Logo depois, Nestor retornou com os papéis nas mãos:

— Não se preocupe, já providenciei todos os trâmites para transferi-la e acionei os colegas de minha confiança. Eu irei com ela na ambulância, monitorando-a. Vocês poderão nos seguir. Por sorte, estamos próximos da capital.

Nesse momento, Adriano abraçou Sabrina, que em prantos não escondia o visível desespero.

— Por favor, qual é a real situação de minha mãe? Não omita nada, diga-me: Ela vai se recuperar?

— Sim, querida — disse Nestor com firmeza. — Posso afirmar que agora tudo está controlado. Entretanto, entre outros comprometimentos, há muitas fraturas: costelas, braço e uma hemorragia que é minha preocupação. Por isso, acredito ser melhor deixá-la sob os cuidados médicos em um hospital que tenha melhores condições de atendimento.

Sabrina entre soluços, emendou:

— Estou envergonhada, não me conformo com tudo que aconteceu. Ela não merecia isso. Não imaginava que meu pai pudesse ser tão violento. Minha mãe sempre foi uma boa mulher e nunca reclamou de nada. Sinto-me tão culpada, pois eu deveria ter percebido, mas ela nunca disse nada. Ele sempre agiu com violência contra ela e ninguém desconfiava — sem omitir o pranto, Sabrina continuou: — Vê-la dessa maneira é algo que não posso aceitar.

— Tenhamos fé, minha querida — tornou Fátima — confie em Jesus e sei que ela ficará bem. Entendo seu desespero, mas agora ela precisa de todos nós. O Senhor vai nos amparar. Você não teve culpa de nada. Agora é o momento de recomeçar, propiciar a Rita uma condição de vida melhor e mais tranquila.

— Filha, calma — disse Ricardo — tudo ficará bem. Estamos aqui e não vamos abandoná-la. Iremos para São Paulo e ficaremos em minha casa, lá. Não se preocupe.

Tempo depois, a ambulância estava preparada e assim, Rita foi levada para um hospital de São Paulo sob os cuidados de Nestor e com o apoio integral dos amigos.

Ao chegarem, já noite alta, o hospital que a receberia, já informado do caso, providenciou os primeiros atendimentos e Rita foi conduzida para os exames necessários.

Dois dias seguiram tristes e preocupantes.

Entretanto, apesar da saúde de Rita requerer cuidados, ela apresentava melhora e foi acomodada em um quarto, onde Sabrina, Fátima e Ricardo poderiam acompanhá-la, pois não se ausentavam do lado dela que, devido aos medicamentos, dormia profundamente.

Naquela tarde, Ricardo seguiu para cuidar dos seus negócios em São Paulo, enquanto Adriano, sob as orientações de Fátima, levou Sabrina para organizar a casa para posteriormente receber a mãe.

Enquanto todos seguiram para seus afazeres, Fátima lá permaneceu com a amiga, que não escondia o carinho por vê-la melhor:

— Estou muito feliz por ver que está se recuperando com imensa rapidez.

— Agradeço muito a vocês por tudo que fizeram por mim e por Sabrina. Estou envergonhada com tudo isso — tentando disfarçar as lágrimas, continuou: — mas sei que Deus terá piedade de Alberto que está enfermo da alma.

Fátima, cheia de compaixão, tal qual uma mãe carinhosa, em silêncio encostou a cabeça da amiga em seu peito de forma amorosa, acariciando suas madeixas. Com extrema demonstração de respeito, disse:

— Querida! O que aconteceu com você foi muito grave. Somos amigas desde a infância e jamais ousarei julgá-la, mas saiba que estarei ao seu lado seja o que for — Fátima depois de prolongado suspiro, prosseguiu. — Sabemos que não foi um “momento ruim”, mas sim que você é vítima de violência doméstica e pelo que posso inferir, não é de agora. Vamos, diga-me: desde quando sofre os maus-tratos por parte de Alberto?

Rita não conteve as abundantes lágrimas. Entre soluços e vergonha, como quem necessita urgentemente desabafar e se libertar de tamanho pesar, relatou-lhe:

— Dias depois de nosso casamento percebi que ele não agia como no período de nosso namoro. Manias excessivas lhe impediam de relaxar dentro de nosso lar. Nenhum objeto podia estar fora do lugar, excessos com limpeza, organização extrema. No início, imaginei que seria normal, apenas a fase de adaptação, mas aos poucos foi se agravando. Afinal, havíamos nos casado porque engravidei. Como ele era muito namorador, pensei que o fato de o casamento ter impedido suas aventuras, fazia com que ele ficasse nervoso. Entretanto, caberia a mim agir resignadamente, afinal sempre fui muito religiosa e o casamento é uma instituição sagrada.

Menos de um ano de casada, nasceu Sabrina. Quando estávamos em meio aos preparativos da chegada de nossa menina, no último mês, devido às roupinhas da criança estarem sobre a cama, ele teve um surto, e violentamente segurou-me pelos braços e lançou-me sem piedade contra a parede. Em decorrência do impacto, tive um forte sangramento e Sabrina nasceu antecipadamente. Só Deus sabe o quanto me apavorei, imaginar que poderia ter perdido minha filhinha. Ali, percebi que algo estava errado e então decidi não ter mais filhos.

— Ah, me recordo desse fato — disse Fátima — Você nos disse que havia passado mal, mas jamais imaginei que teria acontecido isso.

Uma pausa se fez. Rita, no leito, buscou um pouco de conforto e após secar as lágrimas, refeita, continuou o triste relato:

— Dali para frente os surtos foram se agravando. Para minha sorte, o trabalho que ele executa lhe faz passar maior parte do tempo longe de nós, mas quando ele retorna, vivo um verdadeiro martírio. Chega a ficar mais de três meses ausentes que para mim é o que chamo de momento do paraíso.

Quando sei que ele está para chegar — continuou Rita — examino cada cômodo, cada mínimo detalhe de minha casa. Para isso, organizei uma lista e faço uma checagem de absolutamente tudo. Foi a forma que encontrei de tentar conter-lhe a fúria. Entretanto, se um mísero fio de linha for encontrado, por exemplo, sobre um móvel ou no chão, é suficiente para iniciar as agressões.

— Por que suportou os maus-tratos e nunca o denunciou? — indagou Fátima, atônita.

— Porque ele sempre foi um excelente pai e nunca deixou faltar nada em minha casa.

— Confesso-lhe, — disse Fátima — houve dias em que eu e Ricardo chegamos a desconfiar que algo estivesse errado, pois quando a víamos ao lado dele, sua feição era de alguém com medo e acuada. Entretanto, sabemos que todas as famílias têm seus problemas e por respeito nunca lhe perguntei nada.

— No início, eu perdoava porque depois das agressões ele dizia que estava nervoso e jurava que não faria de novo — pensativa, Rita prosseguiu: — Então, por Sabrina, e também por minha mãe, eu perdoava e aceitava resignada.

— Por Deus! Compreendo suas razões, mas querida, você deveria ter buscado ajuda. Hoje existem muitos meios legais para se proteger de agressores que vivem sob o mesmo teto — suspirando, Fátima prosseguiu: — Hoje convertida ao espiritismo, consigo compreender as razões de Deus unir o passado no presente. O espiritismo ensina que não existem acasos e tudo tem uma causa e um efeito. Tudo tem uma razão de ser e nada acontece sem a permissão de Deus. Algo maior que o nosso entendimento acontece em seu lar, mas sei que Jesus não nos abandonará.

Rita chorava copiosamente, Fátima, com respeito, continuou:

— Alberto está ensandecido. Estou admirada! Não compreendo como as agressões não lhe deixavam marcas evidentes.

— Você é uma irmã que não tive, agora posso assumir meu sofrimento — respirando profundamente, Rita continuou: — Infelizmente, não é bem assim, veja! — com dificuldade, Rita mostrou-lhe as marcas em suas costas, resultado das diversas agressões ao longo do tempo. — Minha filha é uma bênção que recebi dos céus e ela me dava forças para continuar. Entre eu e Alberto não há mais sequer um traço de respeito. Jamais me queixei porque ele era um excelente pai. Mesmo quando enfrentavam as dificuldades com Adriano, vejo que entre vocês existe amor. Acredito que ele nunca soube o significado disso.

As lágrimas de Fátima caiam voluntariamente. Ela, tentando omitir a mescla de raiva e espanto, buscou consolar a amiga:

— Minha querida, sempre agradeço a Jesus a minha família. Adriano se desviou do caminho, mas o acidente lhe ensinou uma lição e agora está equilibrado. Você precisa de ajuda e estarei ao seu lado. Conheço bem sua história. Alberto sempre se comportou tal qual um frio general, mas como parecia um casal exemplar não ousamos dizer nada.

— Aguentei calada esse martírio — confessou Rita entre soluços. — Procurava não me expor, tampouco a Sabrina, então não ia ao hospital. Sozinha eu promovia os curativos, pois não suportava tamanha vergonha. Agora me resta assumir minha situação, mas temo por nossos filhos.

— Não precisa se preocupar com nossos meninos, eles estão felizes e desde que Adriano iniciou esse namoro, é outra pessoa. Mais dedicado aos estudos e por milagre, ele e Ricardo nunca estiveram tão bem e mais unidos nos propósitos profissionais. Agora temos que pensar em você. Vai denunciá-lo?

— Por minha filha não farei isso, mas tomei a decisão: quero a separação.

— Quero lhe pedir algo — disse Fátima. — Após você melhorar, irá comigo à instituição espírita. Precisará de muita força para conseguir cumprir seus objetivos.

— Minha amiga, sim, irei. Quero conhecer o local que você frequenta, precisarei de muita força para enfrentar os dias que virão — interveio Rita. — Seja o que for, tenho fé que Deus estará ao meu lado. Oro para que Alberto encontre seu caminho e nos deixe em paz.

Os dias corriam velozes.

Rita havia recebido alta, mas ainda não poderia viajar para Leopoldo de Alcântara, então Ricardo decidiu que ficariam em São Paulo até que ela se recuperasse e estivesse em condições de suportar a viagem.

Nestor, que também mantinha uma residência em São Paulo, para apoiar os amigos também permaneceu na capital.

Naquela noite, Fátima e Ricardo não escondiam a felicidade.

Nestor havia convidado a todos para assistirem a uma reunião espírita em uma instituição muito respeitada, o qual frequentou antes de partir para Leopoldo de Alcântara. E para a surpresa de todos, Rita aceitou o convite.

Ainda com dificuldade, amparada pelo imenso carinho dos amigos, seguiram para o destino.

Ao chegarem foram recepcionados por Nestor, que os esperava e carinhosamente e os conduziu ao salão principal. Aquela reunião seria especial, pois uma médium chamada Irene era ansiosamente aguardada.

Com candura, Irene acolhia os presentes, envolvendo-os por uma atmosfera de amor. A médium com compaixão ao deparar-se com Rita, voluntariamente e despretensiosamente, abraçou-a, aconchegando-a ao coração.

Rita, por sua vez, não conteve as lágrimas, o valoroso gesto de Irene surpreendeu a todos. Após receber aquela gratuita manifestação de afeto, Rita sentia-se restabelecida e emocionada, sem conseguir definir o momento pelas linhas da razão.

Sabrina ao lado da mãe, também não conteve as lágrimas e Irene, sem julgamento, mas com respeito, repetiu o gesto com os demais.

Nestor com largo sorriso ao cumprimentá-la, disse:

— Que Deus nos abençoe por poder retornar à esta casa.

— Se Jesus habita em nossos corações — tornou Irene — jamais nos ausentamos de Sua casa. Ele é o conhecedor de nosso interior e sabe do que necessitamos.

Com respeito, Irene posicionou-se para iniciar a palestra da noite. As palavras imantadas por uma luz celestial, facilitavam a expressão de Saul por meio de seus lábios e tempo depois, concluiu sua preleção:

— Deus não abandona ninguém. Todos nós atravessamos dificuldades, mas tudo passa. Para que as árvores cresçam dentro de uma floresta é necessário:

Que outras morram para que novos brotos recebam a luz;

Que as aves voem de seus ninhos para que outros nasçam nesse mesmo ninho;

O desapego para que os nossos amores consigam continuar em suas jornadas em direção da própria evolução rumo aos céus.

De que vale culpar ao próximo de suas limitações? Lembremos de que quem nos faz o mal é um filho de Deus enfermo que necessita de compaixão.

Todos aqueles que renunciam pelo bem do próximo ou que sofrem em razão de atos enfermiços, recebem de Deus suas bênçãos.

Jesus nos convoca a olharmos nossos opressores com compaixão, esquecendo seus atos impensados contra nós, pois após atravessarmos um longo inverno, sempre somos presenteados por perfumada primavera.

Com o tempo, tudo se equilibra e se encaminha para luz. Jesus é o conhecedor dos corações, portanto é importante a paciência, pois tudo segue o plano que Deus definiu para seus filhos e sempre os conduzirá à luz.

Após a explanação, envolvida por Saul, concluiu:

Bem-aventurados os que choram, porque serão consolados. Bem-aventurados os que têm fome e sede de justiça, porque serão fartos. Bem-aventurados os que padecem perseguição por amor da justiça, porque deles é o Reino dos Céus.[21]

— "Senhor Jesus.

Diante dos obstáculos da vida, ainda nos encontramos ensurdecidos, mudos e cegos.

Caminhamos desfalecidos, com o peito massacrado pelo egoísmo nutrido pela nossa ignorância.

Contamos os dias passados e esquecemo-nos de viver o presente construindo, hoje, sempre o melhor para o nosso futuro.

Com o olhar voltado para nós mesmos, ignoramos o sol que desperta todas as manhãs com serenidade, apesar de trazer consigo o vulcão vivo de sua natureza.

Duvidamos do Seu auxílio, mas o Senhor sempre permanece ao nosso lado, com bondade, transformando nossas ilusões em trabalhos consistentes e seguros.

Diante de Sua compaixão alcançamos a vitória e, diante de Sua misericórdia, tocamos os céus sem nos esquecermos das responsabilidades que coroam nossas existências nas estradas do mundo, mesmo que elas pareçam árduas e difíceis.

---

21 - Nota do Autor Espiritual (Saul): Mateus, 5:5, 6 e 10.

Levaremos conosco a certeza de que a glória de Sua sabedoria delineará as estradas de nossas vidas e que os ventos dos desalentos, desânimos ou tormentos não poderão destruir nossa fé, nosso trabalho e nossas esperanças."

Ao final, com respeito, Nestor aproximou-se de Irene e ela, com carinho, saudou-o fraternalmente.

Rita, maravilhada, sem conter as lágrimas, mais uma vez buscou nos braços desconhecidos além de seu abraço, uma maneira de abrandar a dor oculta que ardia em seu interior.

A médium com imenso amor envolveu-a com respeito e despediu-se em silêncio.

CAPÍTULO 16

Dona Luísa e a mudança de atitude

Então Jesus lhe disse: Se tu podes! ...
Tudo é possível àquele que crê!
Imediatamente, o pai do menino gritou:
Eu creio! Ajuda à minha incredulidade!

Marcos, 9, 23-24

Dias seguiram rapidamente, imprimindo coragem à marcha na vida desses personagens.

Rita e os amigos retornaram para Leopoldo de Alcântara.

Desde as últimas ocorrências, Alberto não retornou àquela cidade do interior e Rita, já recuperada, assumiu as atividades do dia a dia com esperança e força.

Em São Paulo, após Rita ter conhecido Irene, uniu-se ainda mais a Fátima e passou a frequentar a instituição espírita com assiduidade, o que causou no pároco estranheza, contrariedade e muito falatório.

Entretanto, sem a presença do esposo, assumiu integralmente as responsabilidades do cotidiano.

Os fatos ocorridos também ajudavam a solidificar cada vez mais o relacionamento entre Sabrina e Adriano, e ambos já iniciavam os preparativos para o casamento.

Enquanto no mundo físico os personagens dessa história, sob a proteção de Jesus, buscavam se equilibrar para seguir adiante, no invisível, Yara continuava cumprindo suas malignas promessas.

Desta vez, seu alvo era dona Luísa.

Por dias, ordenou que dois súditos intensificassem a influência sobre ela, visando a explorar suas fraquezas voltadas aos hábitos alimentares irregulares.

Com isso, o sistema cardíaco já sobrecarregado devido aos excessos, foi alvo fácil para que, unindo as cargas energéticas das trevas, fizesse que ela não suportasse, levando-a ao infarto do miocárdio.

Com isso, Yara esperava que a morte não lhe fosse ausente e, assim dona Luísa seria recolhida e conduzida para seu mundo sombrio, firmando uma afronta à equipe benevolente da Cidade de Jade.

Saul, unindo-se aos emissários do bem, com muita dedicação impediu que as ações do mal cumprissem seus objetivos contrários ao amor de Jesus.

Com muito esforço, conseguiram fortificar o corpo maltratado, o que resultou apenas em um infarto, mas com lesões complexas ao sistema cardíaco, que lhe exigiria no futuro severa mudança de hábito e adequações em seu dia a dia.

Mediante a situação atual de dona Luísa, e por não ter conseguido atingir seus objetivos, a fúria de Yara era evidente e não poupou ações para punir seus súditos com extrema crueldade. Desta forma, restava-lhe apenas recolher-se para aguardar o momento oportuno para agir novamente.

A ação de Saul, mais uma vez, afrontou Yara, que contrariada e cheia de ódio, viu-se vencida, sem conseguir fazer nenhum gesto contra a vontade de Deus.

Para evitar que Yara se infiltrasse na UTI onde dona Luísa estava, Saul, respeitando a lei do merecimento, fortificou a defesa e muitos guardiões do bem se mantinham em prontidão. Com esta fortaleza, dona Luísa e os demais pacientes enfrentariam suas individuais provações no campo da saúde com a proteção de Jesus.

Para os emissários do bem, o trabalho que dona Luísa exercia com amor na instituição espírita precisaria continuar, por isso, com carinho, ela foi amparada por mãos misericordiosas.

Naquela tarde, Rita e Fátima estavam na padaria quando Ricardo chegou ofegante. Sua esposa, com zelo, perguntou:

— Ora, por Deus. O que aconteceu?

— Estava com Nestor entregando as doações aos idosos, quando uma amiga da instituição nos disse que dona Luísa está internada. Parece que ela passou mal e o filho levou-a ao hospital. Para a surpresa de todos, ela teve um infarto. Por pouco não foi fulminante. Nestor imediatamente foi para lá e me pediu para eu vir notificá-las.

— Deus! — disse Rita, desesperada. — Estive com ela há alguns dias. Sabemos que nossa amiga nunca foi de reclamar, mas naquela tarde, disse que não estava se sentindo tão bem. Recomendei que procurasse um médico e se cuidasse com os hábitos alimentares. Ofereci-lhe ajuda, mas disse-me que estava bem e para eu não me preocupar — em breve pausa secou a lágrima e continuou: — Ela é para mim tal qual uma mãe bondosa, mas não posso omitir que ela exagera nos quitutes. Rogo a Jesus que se recupere o quanto antes.

— Temos que reforçar a oração — ajuntou Fátima — para que ela se restabeleça rapidamente. Confio em Jesus que ela estará bem. Na instituição espírita ela é muito importante. A área educacional resiste graças à dedicação de dona Luísa. Temo que seu afastamento possa trazer algum impacto aos trabalhos.

— Podemos visitá-la? — perguntou Rita.

— Infelizmente, ela se encontra na UTI. Temos que aguardar as orientações de Nestor.

Os dias seguiram após os fatos relatados.

Dona Luísa com dificuldade conseguiu superar o infarto e foi transferida para o quarto, onde podia receber visitas.

Naquela tarde, Fátima, Ricardo e Rita foram visitá-la. Ao chegarem, se depararam com Nestor, que na condição de médico, assistia a paciente e amiga, com carinho e muito profissionalismo.

Após os calorosos cumprimentos, se acomodaram no pequeno recinto. Fátima, com carinho, disse:

— Minha querida amiga, graças ao Senhor, está bem. Na instituição espírita todos oraram pela sua recuperação. Nunca vi em torno de alguém tantas manifestações de amor. Grupos foram organizados para que as preces fossem constantes a seu favor. Ao término de nossos trabalhos, sempre seu nome é lembrado. Saiba que é muito amada e agora queremos sua recuperação o quanto antes.

— De fato — interveio Rita —você é muito importante para nós e agora precisa ficar bem, pois seu trabalho na área educacional espírita é muito grande e sem você, tudo fica mais difícil.

— Vocês são meus amores — confidenciou Luísa, com a voz ainda frágil. — Em algumas situações, aprendemos as lições somente quando experimentamos. Nunca tive vício algum, apenas gosto de comer. Hoje percebo que meus excessos quase me levaram à morte. Sairei desse hospital com a missão de modificar-me e conto com a ajuda de vocês, pois sozinha sei que não conseguirei.

— Podemos afirmar que você nasceu de novo — comentou Nestor — Espero que as lições tenham sido entendidas e que compreenda que mudanças imediatas deverão ocorrer em sua vida. Terá que promover uma educação alimentar e cuidar do corpo um pouco mais. Não preciso falar da sua parte espiritual, pois esta você já cuida muito bem, não somente a sua, mas de todos os necessitados que batem à porta da instituição espírita e você auxilia com amor.

— Amigo, tenho consciência de que Deus nos deu o corpo e temos que cuidar dele, assim como de nosso espírito. Temos responsabilidades com os empréstimos que Deus nos concedeu.

— Todos os excessos serão cobrados de nós. Sejam eles quais forem, precisamos nos conscientizar e promover uma mudança interior sólida. Relembremos que eles, os excessos, são armas poderosas para nos encaminhar ao suicídio indireto. Estamos vivos e devemos lembrar que a vida pertence ao Senhor e a Ele prestaremos conta do que fizemos com o santuário do nosso corpo.

— Não tenho dúvida que Jesus foi benevolente comigo — disse dona Luísa. — Por mais que estudamos o espiritismo, interiorizarmos os ensinamentos, é árdua a tarefa, mas não é impossível. A visão imperfeita de nós mesmos transforma nossos dias em grandes desafios. Em muitas situações, o freio celestial nos visita em forma de uma enfermidade física para nos alertar que estamos nos desviando do caminho correto. Temos que ser responsável com o corpo e o espírito. Somente assim, concluiremos nossas tarefas no chão, como foi planejado por Jesus.

— Não se preocupe — disse Nestor. — Estaremos ao seu lado, a apoiando no que for necessário.

—Já conversei com profissionais indicados por você — interveio dona Luísa. — Já iniciei a nova cultura alimentar, pois não se trata apenas de uma simples dieta, mas sim de um novo modo de vida que sei que é importante para mim.

— Você terá nosso apoio — disse Ricardo animado. — Apenas sinto pois perdi minha maior cliente na padaria. De agora em diante, não terei mais a amiga que compartilhava comigo as porções de bolinhos de bacalhau. Ao me visitar, nos reservaremos apenas a um bom e saboroso chá.

Entre sorrisos, aqueles corações demonstravam grande felicidade por ver que dona Luísa havia vencido mais uma etapa de sua vida, pois agora restava apenas prosseguir.

CAPÍTULO 17

Difícil realidade

ingrata separação

Ninguém põe vinho novo em odres velhos;
caso contrário, o vinha estourará os odres, e
tanto vinho como os odres ficam inutilizados.
Mas, vinho novo em odres novos!

Marcos, 2:22

Os dias seguiram e dona Luísa saiu do hospital e, com muito esforço, promovia uma grande mudança em sua vida. Recuperada, retornou aos seus afazeres na instituição espírita e em sua vida cotidiana.

Enquanto isso, Rita lutava dia a dia para manter-se e também apoiar a filha com as questões do casamento.

Após os fatos que envolveram sua vida, ela tentava sobreviver com dignidade e perseverança.

Naquela manhã, Rita foi surpreendida pelas linhas do inesperado. Foi ao portão receber uma mensagem especial, entregue por um escrivão.

Ela, surpresa, assinou o recebimento e adentrou a casa, seguindo para a cozinha. Sentando-se numa cadeira, leu. Sabrina, alheia aos acontecimentos, viu a mãe em prantos e perguntou:

— O que aconteceu? Você está bem?

— Filha, estou desesperada — disse Rita em um pranto emocionado. — Infelizmente, seu pai está ensandecido, aqui está uma ação para eu comparecer a um fórum em São Paulo para assinar o divórcio.

— Ora! Você mesma estava decidida a tomar essa decisão. Não foi o que esperava? O que aconteceu?

— Quanto à separação eu já esperava, mas aqui está uma notificação. Terei que entregar a casa em um prazo de sessenta dias. Jamais acreditei que ele iria requerê-la — em visível desespero, Rita prosseguiu: — Não tenho nada além desse lugar. Como ficaremos? Meu trabalho não nos sustentará. Além do mais, você em breve se consorciará e preciso ajudá-la com os preparativos festivos.

— Mãe, não se preocupe, vamos solucionar esse problema e encontraremos apoio suficiente para conduzir o caso da melhor maneira possível. — Sabrina com carinho, continuou: — Saiba que apoiarei você até o fim, mas agora me deixe ver esses papéis.

Sabrina mesmo sem compreender profundamente do que se tratava, tentou analisar os papéis, sem sucesso e, tempo depois disse:

— Vamos procurar o tio Ricardo. Ele poderá nos ajudar. Entretanto, quero que leve todos os documentos que possui.

Mãe e filha se abraçaram, buscando forças para enfrentarem as dificuldades que viriam.

Com rapidez, Rita organizou os documentos que podia e ambas seguiram para a residência de Fátima, em busca de apoio. Ao chegarem, como de hábito, foram recepcionadas com alegria e carinho.

Sem perda de tempo, Rita explicou brevemente as ocorrências. Ricardo ouviu atentamente os fatos, mas decidiu solicitar que Olavo, seu advogado de confiança, fosse à sua residência.

Atendendo sem demora a convocação do amigo, Olavo chegou, e após as saudações, inteirou-se dos fatos.

Com seriedade analisou os papéis e disse:

— Senhora, as notícias não são as melhores. Veja, esse documento é devidamente legal. Aqui está explícito que diante de uma separação, a senhora abre conscientemente mão de todo e qualquer bem, os repassando integralmente ao seu esposo.

— Minha querida — questionou Fátima com carinho — você se lembra de ter assinado isso?

Rita empalideceu. As lágrimas não lhe eram ausentes. Com vergonha e dificuldade, buscando forças em seu interior, prosseguiu:

— Sim, me lembro — buscando coragem, Rita continuou: — quando minha mãe adoeceu e foi morar comigo, ele, contrariado, novamente me agrediu. Então após severa violência física, Alberto me obrigou a assinar alguns papéis, sem me dizer do que se tratava, apenas disse que com isso preservaria seu patrimônio. Com medo e buscando me livrar de tamanho martírio, não hesitei, assinei sem ler. Entretanto, jamais imaginei que fosse isso.

— Meu amigo — interveio Ricardo — o que pode ser feito diante de um caso desses?

— Infelizmente, pouca coisa — após um breve suspiro, continuou: — para agravar ainda mais a situação, identifiquei que a celebração de seu casamento foi constituída em regime de separação total de bens, isso significa que todos os bens atuais e futuros dos cônjuges permanecerão em propriedade individual de cada um. Isso significa que se a senhora possuía algo antes do casamento em seu nome, continua sendo seu. Entretanto, tudo que possuem, está em nome de Alberto.

Fátima com carinho tentava inutilmente consolar a amiga, Rita, que chorava copiosamente e entre soluços disse:

— Infelizmente, venho de uma família pobre e quando me casei não tinha nada. Tudo ficou no nome de Alberto, inclusive a casa que ele requer sem piedade alguma. Entretanto, minha filha pode ter algum direito.

— Sua filha já passou da maioridade. Isso, diante da lei, o desobriga a pagar uma pensão, pois ela já plenamente capaz para manter sua subsistência e também está na iminência do casamento, mas poderemos tentar algo.

Nesse ínterim, o silêncio calou os presentes. No rosto de Rita o desespero despertava compaixão. Buscando coragem, disse:

— Por Deus! Não tenho para onde ir. Sequer terei condições de honrar com os honorários advocatícios.

Agradeço o carinho de todos, mesmo não tendo nada, acreditem, não quero nada de Alberto. Apenas espero que ele não prejudique Sabrina e lhe dê o que é de direito. Quero o divórcio e nada mais — olhando para Sabrina, continuou: — minha filha também não precisa de nada, hoje tem como se sustentar e logo estará casada. Que seja feita a vontade do Senhor e não a minha.

Ricardo, comovido com a situação, não hesitou, aproximando-se da esposa, buscando apoio, disse:

— Não se desespere. Todos os custos associados a esse processo, ficarão sob minha responsabilidade. Tanto eu, quanto Fátima, jamais abandonaremos você sem um local para ficar. Temos uma casa pequenina aqui que será suficiente para você se refazer.

— Não quero incomodar vocês. — interveio Rita. — Já são tão bons para mim e agora darei imenso trabalho. Como poderei retribuir tamanha bondade? Quero ser útil de alguma forma e só poderei aceitar o grandioso gesto de amor, se puder ajudá-los com os afazeres da padaria. Nesse momento é o que posso oferecer.

— É verdade — continuou Ricardo. — Mas se realmente deseja nos ajudar, o que seria totalmente indispensável. Meus negócios em São Paulo precisam de atenção, se não tiver nada contra, contaremos com seu apoio.

— Se for dessa maneira eu aceitarei — disse Rita, com abundantes lágrimas orvalhando suas faces — agradeço a Jesus poder estar ao lado de corações tão bondosos. Deus retribuirá e preencherá suas vidas com amor e saúde.

— Minha querida, Ricardo como sempre tem razão — tornou Fátima. — Com certeza será um prazer tê-la aqui. Logo nossos filhos estarão unidos pelo casamento e você ficará conosco o quanto for necessário. Entretanto, para enfrentar esse difícil processo, não deixarei você ir para São Paulo somente com Sabrina, eu irei para apoiá-la. Alberto está ensandecido e não permitirei que se exponha aos algozes. Estou ao seu lado.

A tensão do ambiente foi substituída por brandura, trazendo para aqueles corações um pouco de serenidade e paz.

Na data combinada, Rita, acompanhada por Sabrina, Fátima e Olavo viajou para São Paulo. Ao chegarem, seguiram para o local destinado.

No fórum, no salão principal, Alberto, ao lado de dois advogados, permanecia imponente, demonstrando soberba e arrogância.

Rita, tímida e assustada, adentrou a sala de audiências e acomodou-se ao lado de Olavo. Enquanto isso, Sabrina e Fátima, aguardavam ansiosas o término daquela audiência.

Após a defesa dos advogados de Alberto, Olavo devidamente alinhado com Rita, representando-a disse:

— Excelência, minha cliente aceita os termos da separação e sem nenhuma objeção quer apenas que seja concedido o divórcio dentro dos padrões legais.

Os colegas de Olavo ficaram perplexos. Sem ousarem contradizer o advogado da outra parte, assinaram os papéis, encerrando ali um ciclo da vida daquela sofrida personagem.

Sem demora, todos se retiraram do recinto em completa ordem.

Rita, aliviada, abraçou a filha em busca de apoio e na sequência, Fátima, percebendo a tensão do momento, apoiou o braço da amiga amada e quando caminhavam em direção à saída, foram surpreendidas.

Nesse ínterim, uma jovem com idade próxima de Sabrina e com uma beleza indescritível, adentrou o salão.

Alberto ao vê-la, abraçou-a calorosamente e, em seguida, ela repetiu o gesto afetuoso.

Olavo percebendo a difícil situação em que se encontravam aquelas mulheres, mesmo constrangido, disse:

— Nem sei como lhes dizer, mas estava com meus colegas fechando algumas questões relacionadas ao processo e eles me disseram que Alberto mantém um relacionamento com essa jovem. Dizem que ele é conhecido por seus relacionamentos com mulheres muito jovens.

— O que está dizendo? — interrompeu Sabrina, inconformada. — Perdoe-me, mas você está equivocado.

— Infelizmente, não estou — disse Olavo. — Disseram que ele vive muitos relacionamentos repletos de requinte e riqueza, mantidos durante o período de casamento com a minha cliente, sua mãe.

Rita não omitia a surpresa, enquanto Fátima abraçava carinhosamente a amiga.

Sabrina, inconformada, ouviu aquelas palavras e, de súbito, não conteve o ímpeto. Aproximando-se do pai, descontrolada, disse:

— Como pode fazer isso com a mamãe e comigo? Jamais poderia imaginar que faria algo assim.

Tirou-nos tudo e nada nos deixou, sequer uma casa para morarmos. Quanto egoísmo, logo você que sempre demonstrou ser um pai irrepreensível.

— Você deixou de ser minha filha quando decidiu se casar com Adriano e seguir os passos de sua mãe.

Rita aproximou-se e deitou um olhar complacente sobre Alberto, tentando acalmar aqueles corações, interveio:

— Filha, vamos! Deixe isso de lado. O importante é que estamos bem e com saúde. Deus não nos abandonou e agora temos que recomeçar e perdoar. Espero que o Senhor se compadeça de você, Alberto, e consiga um dia perceber o quanto o mal pode adoecer e o afastar daqueles, que um dia, amaram você, não pelo que você possui, mas pelo que é, como filho de Deus.

— Não me venha com essas costumeiras palavras de bondade — vociferou Alberto, com os olhos vermelhos. — Não estou interessado em saber nada de Deus, pois nunca acreditei na existência Dele, sou ateu.

Antes que um tumulto se estabelecesse no recinto, Rita retirou a filha de perto do pai. Alberto sem comiseração, ignorava a filha e Rita, demonstrando afetividade e dedicação à jovem presente.

Olavo despediu-se respeitosamente daquelas mulheres. Enquanto elas esperavam um táxi, Sabrina, entre abundantes lágrimas, disse:

— Mãe, como pode perdoá-lo depois do que ele fez para nós? Ele manteve muitos relacionamentos ainda casado e nos obrigava a manter uma aparente família perfeita, mas agia com veemente violência. Além disso, nos pune sem piedade. Não compreendo e não poderei aceitar tudo isso.

— Sabrina, minha querida, não podemos mudar o passado, mas podemos reescrever a história de nossas vidas — Rita secando uma lágrima tímida, continuou:
— A violência pode ter marcado meu corpo, mas não foi capaz de alterar minha essência e meu espírito. A traição pode ter magoado meu coração, mas não retirou de mim a capacidade de amar. Nada é maior que a oportunidade que Jesus nos concedeu, a liberdade.

O perdão é um bálsamo que alivia minha alma, mesmo diante de tanta insensatez, agora rogo a Deus que o abençoe e que a jovem que agora ocupa a posição de sua companheira, não sofra o que eu sofri e que ele siga sendo o pai maravilhoso que um dia foi com você. Por isso, filha, se não somos capazes de compreender tudo que passou, deixemos nas mãos de Deus nossas vidas e sigamos adiante.

— Mãe — indagou Sabrina — como aceitar tudo isso? Como não me sentir traída pelo meu próprio pai que agora me renega? Pior, se relaciona com uma mulher da minha idade.

Fátima com carinho, buscando acalentar o coração da jovem disse:

— Sua mãe está correta quanto a perdoar e esquecer. Existem fatos que desconhecemos a origem ou também não teremos maturidade para conhecê-los, então, o melhor é aceitar e seguir adiante. Quando nos sentirmos exauridos pelo sofrimento, devemos nos lembrar de Jesus que nunca desistiu de nós. Sob o mesmo teto, estão organizadas vidas que Deus designa viver experiências para ajustar o passado e aperfeiçoar o presente. Em alguns casamentos estabelecem uma união embasada em compromissos de amor, mas também alguns, sob severos golpes de erros do pretérito, requerem reajuste. Dessa maneira, muitos lares estão estabelecidos sob o alicerce sofrido do desequilíbrio, conflitos, desentendimentos e ódio.

A reencarnação — continuou Fátima — traz à luz, a certeza de que estamos unidos àqueles que estão ao nosso redor, porque Deus sabiamente deu a oportunidade para repararmos o que fomos. Isto não excluiu a necessidade de paciência e amor, pois o lar é uma escola eterna que ensina sempre que devemos evoluir e compreender, assim como seguir adiante. Entretanto, o lar que deveria ser uma escola bendita, muitas vezes, devido ao peso árduo de um passado desconhecido, vícios e intolerância, se transforma em morte e loucura. Além do mais, vamos ter fé e acreditar que o Senhor promoveu o melhor para todos nós.

— Então — interrompeu Sabrina — meu pai interrompeu o ciclo da história entre ele e mamãe. O que diz o espiritismo sobre o divórcio?[22]

— Desconhecemos a vontade de Deus — disse Fátima. — Não devemos separar o que Ele uniu, mas o Senhor conhece nossas fraquezas e virtudes. O espiritismo explica que não há união por acaso, assim sendo, não há casamentos ao acaso, não devemos facilitar ou estimular o divórcio, pois o casamento é uma escola para regeneração. Entretanto, Deus compreende que muitos casais estão vinculados pelo magnetismo da reparação pretérita, manifestando sentimentos adormecidos em aflições atuais.

---

22 - Nota da médium: "KARDEC, Allan. *O Evangelho Segundo o Espiritismo*. Federação Espírita Brasileira (FEB). Rio de Janeiro: 1996 — Capítulo XXII — Não Separareis o que Deus Juntou — Item 5."

Desta forma, em algumas situações, a separação é uma medida de preservação entre os seres. Nesses casos, permanecerem juntos, inevitavelmente, interromperiam a vida e terminariam no necrotério, como uma medida extrema para evitar o suicídio e o homicídio, garantindo a continuidade evolutiva dos seres.

— Filha, você é jovem e logo construirá uma família — disse Rita. — Inicie sua história sob os alicerces benditos da fé e da instrução, pois assim conseguirá triunfar e encontrará a força para manter o que Jesus uniu: você e Adriano.

Enquanto isso, no mundo invisível, Adelinda com ódio iminente, permanecia em constante trabalho para envolver a mente de Alberto e ele recebia, sem restrições, tal influência sombria.

A equipe de Saul envolvendo os corações daquelas mulheres, reforçava a instrução, derramando sobre elas uma luz azulada que tranquilizava suas mentes e alimentava suas vidas com esperança.

A história de Clara

Cuidado com o que ouvis! Com a medida com que medis será medido para vós, e vos será acrescentado ainda mais. Pois ao que tem, será dado e ao que não tem, mesmo o que tem lhe será tirado.

Marcos, 4:24-25

Os dias seguiram.

Após as ocorrências relatadas, Alberto fixou residência definitiva em São Paulo e se instalou em seu confortável e luxuoso apartamento.

Sua vida de luxúria estava mais solidificada e não escondia os diversos relacionamentos passageiros com jovens sonhadoras, que significavam para ele uma espécie de troféu, o qual se orgulhava em apresentar nas diversas rodas de seu convívio social.

Não demorou para que os gastos abusivos resultassem em exposição profissional, assim como no descontrole financeiro que já era visível.

Naquela noite, em um bar conhecido e muito frequentado, Alberto, sentado em uma mesa isolada, em um local com pouco movimento, esperava a chegada de Clara. Uma jovem, que naquela oportunidade, tinha vinte e poucos anos, morava com sua mãe, dona Elisa, em um bairro afastado na periferia de São Paulo.

Com muito sacrifício de sua mãe e dela própria, Clara conseguiu ingressar na faculdade. De dia, trabalhava, e a noite, cursava o segundo ano de enfermagem. Para Alberto, Clara era apenas como outras, mais um passageiro romance sem importância.

Ele, ao vê-la, imediatamente a cumprimentou, demonstrando grande intimidade e afetividade.

Após os calorosos cumprimentos, Alberto tornou:

— Fiquei muito preocupado com seu telefonema dizendo que precisava falar comigo urgente. Eu já lhe disse que não quero que ninguém nos veja juntos.

— Sim, preciso falar com você sobre um assunto muito importante — Clara, secando o suor da fronte, continuou: — Estou esperando um filho seu.

Alberto imediatamente mudou de postura, antes galanteador, agora visivelmente feroz:

— Está ensandecida. Esse filho não é meu — Alberto mentindo, prosseguiu: — No mais, como posso ter um filho se, no passado, realizei uma cirurgia de vasectomia? Vocês universitárias saem com muitos jovens e pode ser que, por um descuido seu, aconteceu o inesperado.

— Juro que não saí com mais ninguém, somente você. Acredite, é seu filho.

Alberto sem medir as consequências, desferiu-lhe um tapa na face. Ela, em lágrimas, não conseguia dizer uma só palavra. Ele percebendo o que havia feito e com receio que ela fizesse algum escândalo, acalmou-se e envolveu-a em uma sedutora conversa:

— É muito jovem, então há uma solução para você. Como sou um homem bom e justo, a ajudarei. Faça um aborto, pois assim não terá sua vida interrompida por uma gravidez inesperada. Ofereço-lhe dinheiro para ajudá-la com os custos.

Ela envolvida pela volúpia e insensatez, acreditou naquela conversa que foi interrompida rapidamente por Alberto, que se despediu entre desculpas de compromissos inadiáveis.

Os dias seguiram e Clara tentava inutilmente encontrar Alberto que, com astúcia, desligou todos os meios de contato possíveis que pudesse fazer Clara localizá-lo.

Assim, com Alberto desaparecido, restava a Clara voltar à sua vida cotidiana e buscar apoio junto ao coração bondoso de sua mãe.

Naquela manhã de domingo, Clara visivelmente abatida após ter sofrido uma forte crise estomacal, desesperada e triste, em silêncio foi ajudar a mãe com os afazeres domésticos. Dona Elisa, percebendo que algo não estava bem, perguntou:

— Filha, percebo que desde a semana passada você não está bem. Sinto que alguma coisa atormenta sua mente. Vamos, diga-me: o que está acontecendo?

— Mamãe, estou bem, não se preocupe. Apenas estou com enjoos, devo ter comido algo que não me fez bem — disse Clara, tentando disfarçar.

— Não me esconda nada. Sempre estive ao seu lado, você é tudo para mim, meu orgulho desde que entrou para a faculdade, pois meu sonho de ver você se formando, enfim se realizou. Vamos, filha, confie em mim: o que está acontecendo?

Neste momento, Clara envergonhada e desesperada, sentou-se em uma cadeira na cozinha sem esconder o pranto. Após uma prolongada pausa, entre soluços e um choro amargo, revelou:

— Mãe, estou esperando um filho.

Dona Elisa emudeceu. Buscando um copo com água para acalmar seu coração, colocou as mãos na cabeça e disse:

— Meu Deus! O que diz? Como pode acontecer isso?

— Na universidade conheci duas jovens de família rica. Elas eram assíduas frequentadoras de festas de executivos, homens que trabalham em empresas e sempre vão nesses lugares para se divertir. Elas me diziam que lá poderiam conhecer um homem rico e assim, ele poderia sustentá-las em uma vida cheia de requinte e luxo — chorando e envergonhada, Clara continuou: — Perdoe-me, pois não recebi essa educação, mesmo assim, acreditei no que me diziam. Pensei em nosso sacrifício cotidiano e sonhei com uma vida melhor. Imaginei que se eu frequentasse aqueles locais, que elas costumavam frequentar, eu conseguiria conhecer alguém bem posicionado na vida. Quem sabe até me casaria com ele.

— Minha filha — interveio dona Elisa — sempre lhe ensinei que nada na vida vem fácil às nossas mãos. Se vier, creia, logo vai embora. Precisamos trabalhar com afinco, só assim conquistamos as coisas materiais com dignidade.

— Então, comecei ir semanalmente às festas. Não íamos para a faculdade, saíamos e passávamos a noite nos divertindo. Minhas amigas namoravam muito e me apresentaram Alberto, um homem muito galanteador e com uma fala muito convincente. Acreditei nele. Entreguei-me cegamente a uma paixão que, no fundo, sabia que não teria futuro, pois descobri que ele era casado e não se separaria por mim.

— Não posso acreditar que se deixou influenciar por suas amigas — disse dona Elisa, visivelmente nervosa. — Achava estranho você dizer que o trabalho no hospital estava lhe forçando a plantões abusivos, mas era mentira. Agora temos que procurá-lo para notificar a ocorrência.

— Infelizmente, estive com ele há alguns dias. Um encontro nada agradável. Após muita discussão, quando relatei sobre a gravidez, ele disse que era para eu fazer um aborto, não procurá-lo mais, porque ele afirmou que o filho não era dele. — Em breve pausa, devido ao choro convulsivo, Clara continuou: — Disse que havia feito uma vasectomia e não poderia ter mais filhos, mas mesmo assim me ajudaria com as questões financeiras que envolvem os procedimentos médicos.

— Não posso acreditar que a filha que eu criei está falando dessa maneira — disse dona Elisa, inconformada.

— Fui atrás dele, mas ele desapareceu. Para piorar a situação, apenas sei seu nome e que ele é natural de uma cidade do interior chamada Leopoldo de Alcântara, o que dificulta encontrá-lo, pois quando nos encontrávamos, ele sempre fazia questão de me levar a lugares luxuosos e nunca em sua residência. Procurei as minhas duas amigas, mas elas quando souberam da história sumiram — desesperada, Clara prosseguiu: — Mãe, há apenas uma solução. O aborto. A ideia foi de Alberto e ele me ofereceu o dinheiro para me ajudar com os custos. Infelizmente, tentei localizá-lo incessantemente, mas ele desapareceu.

Dona Elisa, que até então tentava manter-se calma, levantou-se e firme disse:

— Não ouse dizer que fará um aborto, eu não permitirei isso jamais. Casei-me muito jovem e logo engravidei de você. Não contava que seu pai morreria tão cedo naquele acidente. Entretanto, com fé em Jesus, criei você sozinha, com muito sacrifício, e não me arrependo. Você vai assumir seu filho com muita dignidade.

— Mãe, e a minha faculdade? O que vou fazer? — quis saber Clara desesperada.

— Vai assumir a responsabilidade pelos seus atos. No mais, deveria pensar nisso antes de se envolver com um homem como esse, casado e mau caráter.

— Olhe nossa condição — tornou Clara aflita — Vivemos uma vida limitada, com recursos básicos para a sobrevivência. Uma criança exigirá muitos cuidados e junto virão os gastos que nem sabemos se suportaremos. Além do mais, minha saúde oscila dia a dia e nem sei se suportarei gestar uma criança.

— Agora não há o que fazer, se não aceitar a situação, embora todos esses fatos tenham corroído meu coração, pois não havia sonhado isso para você. Se Deus colocou esta criança aqui, não foi por acaso — preocupada, continuou dona Elisa: — Amanhã mesmo procurará um médico e iniciará o acompanhamento necessário para que não falte nada a esta criança e para que tenha saúde no corpo e na mente para criar seu filho.

Aqueles corações permaneceram por algum tempo em profunda conversação, tentando ajustar o futuro. Logo depois, Clara saiu para fazer compras, enquanto dona Elisa, sozinha em sua casa, passava ferro nas roupas, não escondendo as lágrimas que caiam de suas faces.

Enquanto isso, no mundo invisível, Felipe sob as ordens de Saul, derramava sobre aquela mulher uma luz dourada que refletia em seu coração uma forte e inexplicável emoção.

Ela sem perceber o que ocorria, apenas orou solitariamente e em voz alta:

"Senhor, perdoa-me este instante de fraqueza. Perdoa-me também o ódio que senti por um homem que não assumiu seus atos diante da vida.

Rogo que guarde minha filha em seu coração misericordioso e o filho que ela traz no ventre. Não era esse o sonho que tinha para ela, mas este é o desígnio que o Senhor tem para nós duas.

Dá-me forças nas pernas e nos braços para trabalhar e criar essa criança rejeitada por um pai que sequer sei quem é.

Que esse homem seja entregue em Suas mãos e que um dia possa entender suas atitudes e ter consciência que acima de nosso querer prevalece Suas celestiais leis.

Desconheço o amanhã, mas temo por ele. Não sei se estarei aqui para dar forças à minha filha para que ela seja a mãe que essa criança necessitará.

Permita-me entender o que passa agora; sonhei para minha filha que se formasse na universidade, que se casasse e tivesse ao seu lado um companheiro como eu não pude ter e uma vida que pudesse espelhar a felicidade. Entretanto, houve esse desvio de direção de meus sonhos, mas resta-me apenas aceitar e entender que a rota agora é esta, que nos conduz ao seu complacente coração.

Não suplico riqueza, mas apenas o necessário para que possamos ter uma vida digna e honesta dentro de tudo que aprendi com as experiências do dia a dia, mas, sobretudo que a fé era a fonte renovadora de meu coração. Nada me falta, Senhor, tive o suficiente e assim seguiremos, dentro de Sua vontade e em Suas mãos repletas de compaixão.

Ilumina nossos dias e lhe prometo que essa criança nascerá e viverá na simplicidade, mas jamais esquecendo que acima de qualquer sofrimento ou desespero, o Senhor olha por todos nós."

Assim, a residência simples era revestida por uma inexplicável serenidade, enquanto os emissários do bem, não abandonavam aquele coração que suplicava naquele momento por um pouco de coragem e paz para seguir adiante.

Yara observava a conduta dos emissários do bem diante daquele caso sem conseguir agir, devido aquela atitude de amor demonstrada por dona Elisa e pelos emissários do bem, que neutralizavam a ação maligna e destruidora.

Adelinda, olhando friamente para Yara, confessou:

— Minha senhora, nada pôde ser feito. A mãe de Clara tem uma proteção muito intensa e sua fé é inabalável. Mesmo emanando pensamentos de medo pelo amanhã, ódio contra Alberto, tudo foi inútil. Fomos vencidos pelos iluminados.

— Infelizmente vocês são uns inúteis — vociferava Yara cheia de ódio. — Clara é uma tola, quase uma presa fácil para mim, mas não contava com a fé de dona Elisa. Não posso discutir, pois ela demonstrou uma força insuperável. Não sei quem está prestes a nascer, mas quero que essa gestação seja interrompida a todo custo. Sinto que essa criança poderá ser uma ameaça para mim e para meu mundo.

— Reforçarei a influência sobre Clara — prometeu Adelinda. — Sua doença genética será o meio para a fragilizarmos o quanto for necessário para enfraquecê-la e dificultar a gravidez.

— Faça isso o quanto antes — prosseguiu Yara. — Agora Saul foi longe demais. Tenho que agir rapidamente. Chega de promessas, reforçarei o quanto antes a guerra contra ele. Não tenho dúvidas de que ele sucumbirá às trevas e aos meus desígnios. Por agora, ele venceu uma batalha, mas eu vencerei a guerra.

Sem dizer uma só palavra, Yara e os seus se retiraram e mesmo que inconformados, levavam em suas mentes sombrias o eterno pensamento de vingança contra a luz.

Enquanto isso, no mundo invisível, os benfeitores continuavam distribuindo serenidade ao ambiente físico e paz àquele coração materno.

CAPÍTULO 19

Iluminado encontro, definição da rota

Mas há as que foram semeadas em terra boa: estes escutam a Palavra, acolhem-na e dão fruto, um trinta, outro sessenta, outro cem.

Marcos, 4:20

Após os fatos relatados, os emissários do bem retornaram à Cidade de Jade e se encaminharam ao salão de conferências, local onde os dirigentes daquela cidade espiritual se reúnem para as decisões sobre os casos que ali eram conduzidos sob as ordens de Jesus.

O ministro Ferdinando, unido aos corações de elevadíssima sabedoria e confiança, aguardava a chegada de convidados especiais, eram Débora e Ambrosio.

Débora chegou primeiro e foi acomodada em confortável assento. Radiante, expandindo sublime luz azulada, disse:

— Amigo eterno Saul, sempre bondoso com o próximo, distribuindo amor e servindo com desapego em nome do Senhor. Sou eternamente agradecida aos ministros de Jade, por confiar essa missão às suas mãos. Não poderia estar em melhor custódia essa tão difícil tarefa.

— Senhora — disse Saul com humildade — não sou digno de receber sua gratidão, apenas recebi esse trabalho com muito respeito e tanto eu, como minha equipe, fazemos o melhor com o conhecimento que possuímos. Além disso, é em nome de Jesus que dedicamos nossas existências e por todos que necessitam de amparo, aqui estaremos a servir.

— Também lhe agradeço por conter a fúria de Alberto — secando tímida lágrima, Débora prosseguiu: — mas estou aqui para confirmar a vontade de nosso amado Senhor Jesus. Chegou o momento de agirmos com mais objetividade para conter as ações de Yara e, consequentemente, as alucinações de Adelinda e, encaminharmos esses corações para a luz, rompendo o império de trevas mantido por ela e acolhendo aqueles seres enfermiços, os quais servem Yara em completo estado de subserviência. Rogo a Jesus que esses filhos de Deus, distantes temporariamente da luz, encontrem o caminho da libertação.

— Infelizmente — interveio Ambrosio — Yara tem se nutrido pelas forças sexuais da Terra e a cada dia se fortalece. Isso lhe propicia um cenário favorável para agir com tamanha intensidade sombria. Além do mais, os ataques das sombras contra a Cidade de Jade já se iniciaram e precisamos agir com precisão.

Felipe, preocupado, mas com respeito, interveio:

— Temo pelo amanhã! Nas últimas ocorrências que assistimos, presenciamos a força da influência de Yara, que por meio de Adelinda, levou Roberta à morte — a expressão de Felipe sempre serena, apresentava-se tensa, mesmo assim, ele prosseguiu: — Sinto que de todas as incursões que fizemos para resgatá-la e de todas as ameaças que nos fez, agora se armou definitivamente contra a Cidade de Jade.

Além do mais, Yara desenvolveu ferramentas inteligentes em seu mundo, que fez com que se transformasse em uma mulher forte, temida e uma líder poderosa. Ela utiliza a beleza e sedução como armas a seu favor. Por todos esses anos fixou sua mente em Alberto, estabelecendo um processo de perseguição, simbiose e vampirismo — suspirando, Felipe continuou: — Como conter tão grande força?

— Compreendo suas preocupações — disse Saul — pois compartilhamos dos mesmos temores, mas devemos confiar em Jesus. Tenhamos paciência, vigiemos e sejamos inteligentes para saber agir oportunamente. Diante dos sentimentos de derrota, devemos confiar no Senhor, pois é por Ele, por nossos amigos e por Jade que estamos aqui.

Lembremos sempre que a luz, por mais ínfima que seja, vence a mais poderosa treva. Permaneçamos firmes para o quanto antes adequarmos a estratégia dessa missão de resgate e rompimento dessa zona de trevas.

— Farei o que for necessário — prometeu Felipe, sem ousar contradizer o amigo — mas precisamos reforçar o espírito de amor ensinado no Evangelho e transferi-lo àqueles corações impiedosos.

Débora com amor emitente, tal qual bondosa mãe a ensinar um filho, interveio:

— Caros amigos, saibam que o mundo criado por Yara não poderá continuar agindo dessa forma. Contamos com a sabedoria dos habitantes de Jade para fazer que as trevas sejam dissipadas e no lugar daquele triste e repugnante Um mundo para nós dois floresça a luz. Por isso, vamos unir esforços e conduzir esse triste cenário para que se transforme para melhor, pois reconhecemos, assim como apoiamos tudo que fizeram até então para trazer Yara à luz e libertar Adelinda daquele triste quadro mental de perseguição e ódio.

— Yara está firme na execução de um plano sombrio — disse Ambrosio — onde abriu portas no campo do vício e pensamentos desvairados, perturbações e angústias, causando em muitos um abismo de dor, comprometimentos e, sobretudo sofrimentos indescritíveis.

Para nossa tristeza e preocupação ela se organizou de maneira muito inteligente usando as vibrações dos encarnados. Eles são vítimas deles próprios no campo da sexualidade e dos vícios voltados à matéria, facilitando a sintonia com as sombras, o que pode durar um minuto ou até milênios.

— Todo problema que cerca Yara e Adelinda — interveio Débora — é de natureza mental. Ambas possuem mentes carregadas de ódio e egoísmo devido à severa fixação e obsessão por amores do passado que as levaram a cometer atos alucinados e maldades, semeando suas angústias e frustrações em muitos corações.

Com um semblante preocupado, Débora pacientemente, continuou:

— Conto com o apoio de todos. Pois, nas esferas mais altas foi deliberado o fim desse Um mundo para nós dois, entretanto o tema solicita cautela. Estamos diante de mentes inteligentes, viciadas no sexo em desvario e hábitos inferiores que necessitam correção.

Os maiores atenuantes que temos nesse momento são os encarnados que estão no chão e que já se converteram ao espiritismo. Eles reforçaram a vigilância e por esse canal estamos unidos aos seus corações. Desta forma, estamos juntos e amparados por Jesus para fazer prevalecer à luz diante da insensatez de Yara e Adelinda.

Antônio com visível preocupação, indagou:

— Será que conseguiremos vencer essa batalha? Infelizmente, Alberto está na mesma vibração de Adelinda. Sua conduta de vida dificulta qualquer ação de natureza do bem. Sinto, mas também temo pelo amanhã. Acompanho há muito tempo esse caso e parece não ter fim. Trabalho com afinco, mas cada passo que damos Yara parece mais poderosa. Perdoe-me, Saul, mas por vezes, me pego pensando se não devemos nos dedicar a quem mereça.

— Compreendo sua indignação — disse Saul com paciência — mas não podemos desistir. Todos são merecedores diante de Deus. Estamos aqui em nome de Jesus e isso nos basta. Portanto, sejamos vigilantes para que as fraquezas não levem nossos pensamentos às trevas.

Neste ínterim, a figura cândida de um emissário celestial resplandeceu no recinto. Era Ambrosio que com uma voz aveludada e um semblante calmo e iluminado, interveio:

— Meus cumprimentos a todos, como já havia confirmado com Débora, não ficaria ausente diante dessa situação. Por isso, estou aqui para auxiliá-los.

— Amigo eterno — disse Débora — sua presença preenche nossos corações com ânimo e amor. É chegado o momento de rompermos esse círculo de sombras. Solicitei sua ajuda porque chegamos ao derradeiro momento e temos fé que Yara despertará e para isso, temos que iniciar o planejamento das reencarnações que apoiarão no futuro o nascimento dela e de Adelinda para recomeçarem suas histórias. Para que todos saibam, o próprio Ambrosio se colocou à disposição para abandonar nosso mundo e retornar ao chão.

— Como sair de nosso mundo para enfrentar uma nova reencarnação? Correr os riscos de se desviar dos propósitos de uma existência, podendo sucumbir nas chagas humanas — tornou Antônio, atônito.

Ambrosio pacientemente compreendeu a observação de Antônio e com respeito, disse:

— Amados! Faria qualquer coisa para que essa zona de trevas seja rompida e para que a luz prevaleça.

— Entretanto, sua solicitação de retorno ao chão não foi aceita pelas equipes superiores — disse Débora. — Julgamos importante ter alguém encarnado para cumprir a tarefa de conceber a nova encarnação planejada para Yara, mas temos que manter grande vigilância para que não haja novos desvios e para que ela não perca a oportunidade dessa nova vida.

Ambrosio com serenidade interveio:

— Tercio, meu amado irmão, com quem fui presenteado com grande convívio naquela existência, onde tivemos a honra de prestigiar os ensinamentos do apóstolo Marcos e com quem presenciei as alucinações de Yara, se ofereceu para retornar à Terra para, futuramente, ser o pai de Yara. Eu havia me proposto a isso, mas respeito as definições das esferas superiores e permanecerei aqui, os auxiliando a cumprir os desígnios de Deus.

— Nesse momento — ajuntou Saul — ele já se encontra em processo de gestação. Com a sabedoria do Altíssimo, a jovem Clara será sua temporária genitora, pois a ela e a dona Elisa confiamos essa missão.

— Amigos — disse Ambrosio — Yara está enferma, mas confiamos em Deus que em breve ela despertará desse pesadelo que ela mesma criou em volta de si. Nesse momento, estaremos prontos para acolhê-la em outra encarnação e apoiá-la na complexa missão de regeneração. Afinal, esse caso trata-se de muito tempo na escuridão.

— Nessa passageira vida no corpo físico, ela terá a oportunidade de refazer seu corpo espiritual tão lesionado pela insanidade criada por ela. Com algumas limitações físicas, ela poderá aprender aquietar seu espírito afoito. Essa restrição, neste caso, não representa nenhuma punição, mas sim um processo de cura para seu espírito. Portanto, nos manteremos aqui para fornecer toda a ajuda necessária.

— Para que isso seja possível — continuou Ambrosio —ela terá um pai complacente na figura de meu irmão Tercio que volta ao chão para essa missão. Confio que daqui poderei apoiá-la nessa jornada de renovação, que creio ocorrerá com o empenho de todos nós. Estamos preparados para o futuro, mas precisamos de todos para modificar o hoje e preparar um amanhã melhor.

— Para atingirmos vitoriosos nossos objetivos — disse Saul — chegou o momento de combatermos o coração selvagem de Yara, para que ela receba o tratamento necessário para nova oportunidade que lhe foi concedida.

Ferdinando, banhado de sabedoria e paciência, interveio:

— Amigos, Jesus vencerá essa batalha e confio em seus corações cheios de misericórdia. Não ignoro a regra soberana, a qual estamos subordinados, que direciona essa missão à luz. Não podemos nos esquecer de que somos filhos de nossas próprias atitudes e devemos responder por elas no tempo de Deus, o qual possui suas leis.

— Entretanto, não desprezem o poder interior que habita em cada um de nós: a essência de Deus que conduz nossas existências para libertação das condições inferiores. O Senhor não nos abandonou e não abandonará nenhum filho Seu que atue de maneira contrária à Lei Divina e que esteja temporariamente encarcerado na alucinação do próprio eu ou do egoísmo.

Após breve pausa, Ferdinando continuou:

— O homem é escravo das chagas de sua mente e, muitas vezes, foge da realidade de suas existências, mergulhando nos cipoais de causas inferiores da vida, buscando nos prazeres a razão para continuarem vivendo. Nessas fugas estabelecem compromissos com muitos corações, ora pelo bem, ora pelo mal. Definimos nova estratégia para cessar a ação de Yara e seus seguidores. Lembremo-nos de que unidos pelo amor celestial encontraremos a vitória.

Ferdinando suspirou e fechou os olhos. Expandindo-se em grandiosa luz, reluzia entre as cores azuladas e douradas que lhe esculpiam e ressaltavam uma imagem serena, acolhedora e paternal.

Com a força de Deus agindo em seu coração orou:

— "Senhor, por misericórdia, nos auxilie a modificarmos as nossas imperfeições.

Amplia-nos a razão e o entendimento de nós mesmos.

Conceda-nos calma para ter a compreensão das suas leis e dos apontamentos de nova direção.

Dá-nos o silêncio no lugar da reclamação e auxilie a humanidade a vencer o egoísmo e o orgulho, sem queixas ou azedumes, sem apontar as falhas dos semelhantes, pois eles são o reflexo de nós mesmos.

Ensina-nos a olhar o próximo como um professor diferente, porque são eles, que por meios de provas e expiações, nos elevam aos céus mais próximos de sua bondade.

Dai-nos sabedoria suficiente para que em cada página de nossas existências, os estudos experimentados sejam lições eternas de amor.

Ensina-nos Senhor a cultivarmos o coração sereno e a nossa mente sadia, saneada de todos os malefícios em que a tristeza, a raiva e o ódio convoquem à opressão e ao exercício.

Dá-nos a paz para não guerrearmos por ideais vazios, mas sim exemplificar com serenidade o cristianismo renovador.

Indica-nos o caminho a seguir, mas conceda-nos força para seguir sem reclamação ou inação.

Por fim, suplicamos paciência, para entendermos que a diferença também nos eleva, se agirmos com amor e sem preconceitos. Estamos conscientes que cada filho seu se modifica no momento certo, no tempo seu, respeitando a sua vontade e não o nosso querer."

Envolvidos por intenso amor e misericórdia, aqueles corações fortificavam a fé e continuavam revendo as ações futuras para distribuírem as tarefas visando buscarem a vitória.

CAPÍTULO 20

Preparação para enfrentar Yara

E o que vos digo, digo a todos: vigiai!

Marcos, 13:37

Após os fatos relatados, Alberto depois da separação mergulhou em uma vida de luxúria que o levou à nítida decadência financeira. Os excessos e a assiduidade das festas noturnas não demoraram para que ele se envolvesse com jogos, complicando ainda mais seu comprometimento financeiro.

O declínio profissional era evidente. Sem conseguir honrar os compromissos, foi afastado do cargo de confiança, o qual ocupava na diretoria da empresa. Naqueles dias, apenas aguardava o momento em que seria dispensado, o que ocorreria nos próximos dias.

De maneira alucinada, seus bens foram vinculados às dívidas incontáveis e, aos poucos, assistia seu patrimônio desaparecer descontroladamente diante de seus olhos. Ontem Alberto era um executivo renomado, hoje, era apenas um homem em franca decadência.

Naquela noite, Alberto, desesperado, marcou um encontro com seu amigo Cláudio em uma casa noturna a qual costumava frequentar.

Após as saudações, foi logo dizendo:

— Você sabe que minha situação não é das melhores. Estou desesperado, esta semana fui demitido. Agora, muitos homens aos quais devo vultoso valor, me cobram sem piedade — secando o suor da testa, prosseguiu: — Preciso novamente de dinheiro.

— Como pode se endividar dessa forma? Dessa maneira, minhas reservas financeiras também vão se esgotar. Confesso que encontrei uma forma de ganhar muito dinheiro com os procedimentos abortivos, mas você é um inconsequente e não vai me levar à falência.

— Somos sócios na clínica, agora preciso me desfazer deste imóvel para saldar uma dívida. Além do mais, preciso dessa quantia pois estou arruinado — disse Alberto, apresentando uma anotação com vultoso valor.

— O que você fez com os imóveis que tinha? Da casa que confiscou de Rita e seus investimentos?

— Confesso que perdi tudo. Apostei em corridas de cavalos e as noites festivas foram as causadoras de meu declínio.

— Você está alucinado — disse Cláudio. — Não ouse dizer que venderá o imóvel, pois não tenho nada a ver com sua insensatez e com as dívidas contraídas devido suas loucuras. Não permitirei que atrapalhe minha ascensão. Agora que meus negócios estão fluindo, não vou perder tudo por sua causa. Não vou mais manter seus vícios.

— Ora, como pode falar assim comigo? Como pode me abandonar em um momento como esse? Fui eu que lhe dei poder, posição social e muito dinheiro. A clínica só existe porque o imóvel pertence a mim. Não ouse me negar algo, pois eu denunciarei você sem piedade pelos atos obscuros praticados naquele lugar. Lembre-se de que o aborto é ilegal e basta uma denúncia, unida às provas que tenho, para destruí-lo a ponto de transformá-lo em apenas uma lembrança.

Cláudio não escondia a insatisfação. Visivelmente incomodado com aquela situação, não confrontou. Visando ganhar tempo, dissimulou:

— Verei o que posso fazer para ajudá-lo. Vá amanhã à clínica que lhe darei o que quer. Contrariado, Cláudio retirou-se, enquanto Alberto permaneceu no bar, buscando na bebida o refúgio para suas amarguras.

Na noite seguinte, conforme combinado, Cláudio, nervoso, aguardava a chegada de Alberto em sua luxuosa clínica.

Enquanto isso, no mundo invisível, o ambiente daquele sombrio local era envolvido por uma luz negra emitida por Yara e intensificada por seres completamente distantes temporariamente do amor de Deus.

Adelinda completamente subjugada às ordens de Yara, vinculava ao cérebro de Cláudio fios acinzentados que suplementavam sua mente com pensamentos subversivos e maléficos.

O médico em perfeita sintonia com aquela densa vibração, mantinha-se pensativo, tentando encontrar uma maneira de livrar-se do amigo e sócio.

Tempo depois, Alberto chegou visivelmente alterado e embriagado. Acomodou-se em um assento em frente à mesa de Cláudio, enquanto o médico portava-se com altivez e arrogância. Sem perda de tempo, Alberto perguntou:

— Então, conseguiu meu dinheiro?

— Não tenho tudo que você queria. Apenas tenho uma pequena parte — concluiu Cláudio, visivelmente contrariado.

Alberto, nervoso, não conteve o ímpeto. Levantou-se de pronto e mesmo sobre a mesa, avançou em direção a Cláudio tentando golpeá-lo. Antes de conseguir manifestar qualquer gesto, caiu inesperadamente no chão. Com a voz amarga e tolhida, tentou pronunciar com muita dificuldade algumas palavras:

— Socorro, me ajude. Não suporto esta dor em meu peito.

Cláudio percebendo que o estado de Alberto era grave, ficou inerte, assistindo ao seu desespero, sem sequer manifestar um gesto de socorro, pois ele imediatamente percebeu que estava diante da oportunidade que esperava para livrar-se de vez de seu infortúnio.

Alberto agonizando era digno de compaixão.

Sem mais ter mais o que fazer, tempo depois, aquele cenário anunciava o pior. Alberto havia sido vítima de um infarto fulminante.

Cláudio aproveitando-se da situação, omitiu socorro e logo depois constatou a morte iminente do amigo.

Enquanto isso, no mundo invisível, a equipe de Saul estava presente em firme oração, mas naquele momento nada poderiam fazer, apenas aguardar o instante correto para agir.

Alberto foi recepcionado por Yara, que o acolhia com determinação. Adelinda, ensandecida, lançou-se em direção a ele, reconhecendo-o como no passado, quando ele era apenas Demétrio:

— Meu eterno amor, enfim estamos juntos novamente. Nunca o abandonei e por todos esses anos esperei o dia desse reencontro.

Yara imediatamente ordenou que um de seus súditos a retirasse dali para que não atrapalhasse seus planos. Adelinda, aos gritos, tentava inutilmente libertar-se de mãos tão severas:

— Minha senhora, como pode fazer isso comigo? — perguntava Adelinda, desesperada. — Logo eu que a servi por tanto tempo em troca de meu Demétrio. Quero apenas o que me deve.

— Acreditou mesmo que eu lhe daria ele após a sua morte? — vociferou Yara, expandindo-se em indescritível criatura. — Ele pertence a mim e ao meu lado formaremos uma fortaleza. Seu instinto para o mal será muito importante para mim — olhando para as criaturas que estavam próximas, ordenou: — Levem a infame daqui para o cárcere em meu mundo. Providenciem para que ela tenha a sentença necessária para relembrar a disciplina. Submetam-na à punição máxima para que não me traga problemas no futuro. Alberto é meu súdito e jamais permitirei que Adelinda se aproxime dele.

Sem perceber a presença da equipe de Saul, Yara mantinha-se altiva, dominadora e ensandecida pela própria maldade.

Enquanto isso, Alberto permanecia sob o domínio de involuntário torpor, sem dar-se conta que estava morto.

Yara admirando-o, entre sonora gargalhada, vociferou:

— Agora os iluminados não perdem por esperar. Esconderam Ambrosio de mim, mas ao lado de Alberto, o encontrarei e ele viverá comigo no mundo que construí para nós dois. A guerra está lançada definitivamente. Em breve, ele despertará e recuperará a astúcia do passado. "*Juntos despertaremos nossos deuses e os faraós despertarão ao meu lado.*" [23] — convocando um dos líderes, ordenou: — Reforce nossa guarda, pois os iluminados não podem conseguir ultrapassá-la, também meu exército já está organizado para enfrentá-los. Agora me sinto mais fortalecida.

Sem perda de tempo, Yara ordenou a retirada, enquanto Alberto, alheio àquela situação, mantinha-se em profundo torpor sendo guiado para Um mundo para nós dois.

Enquanto as trevas se organizavam e festejavam a chegada de Alberto, os benfeitores espirituais permaneciam silenciosos sob as ordens de Saul.

Após a retirada de Yara, Saul, com firmeza, disse:

---

23 - Nota do Autor Espiritual (Saul): Yara refere-se neste parágrafo a sua experiência em terras egípcias. História relatada pelas mãos de meus amigos Ferdinando e Bernard no livro: *O símbolo da vida*.

— Agora chegou o momento de enfrentarmos Yara. Nossos exércitos de luz também estão organizados e reforçados.

— Ela tem razão — emendou Felipe. — Nós não poderemos adentrar aquelas muralhas. Como adentraremos aquele mundo?

— Nós não poderemos ultrapassá-las — disse Saul — mas se esqueceu de que os encarnados podem devido ao corpo denso? Sim, o mundo de Yara foi preparado para receber os encarnados que estejam em sintonia com eles. Quem entraria ali sem ter envolvimento com aquela sombria energia local?

— Existem dois corações que não negaram nossa rogativa, mesmo eles estando suscetíveis às influências por estarem encarnados. São eles: Irene — a médium já conhecida por nós devido aos outros trabalhos que realizamos juntos e Nestor — o amigo fiel. Há dias ambos estão sendo preparados para essa missão. Hoje o atrairemos à Cidade de Jade por meio do sono e juntos, enfrentaremos as trevas.

— Perdoem-me — contrapôs Felipe — de fato eles estão prontos para nos auxiliar, confio em Jesus e sei que Ele não nos desamparará — suspirando, prosseguiu: — Entretanto, algo me preocupa o coração.

— Diga-me, filho — disse Saul com bondade.

— Cláudio continua vivo e sua conduta ainda suscita muita atenção. Agora, sobre seus ombros mais uma morte pesará. Como será seu amanhã?

Saul com carinho respondeu:

— Não devemos vincular nossos pensamentos às frequências baixas oriundas das atitudes de Cláudio. Ele é um enfermo que necessita de auxílio. Vive em um mundo de aparências que requer de si próprio uma guerra interior para manter-se em evidência. Lembre-se de que a perfeição é resultado de muito esforço, disciplina e, sobretudo, aprimoramento no conhecimento de si mesmo.

Entretanto, a vida tem suas leis e seu próprio tempo. Nesse momento, nada podemos fazer, apenas esperar e orar para que no momento certo Jesus interceda a favor desse nosso amigo. *"Não vos preocupeis, portanto, com o dia de amanhã, pois o dia de amanhã se preocupará consigo mesmo. A cada dia basta o seu mal."* [24] — Tudo a seu tempo.

Assim, aqueles emissários de Jesus, retornaram à Cidade de Jade sem perda de tempo.

Enquanto isso, no mundo físico, Cláudio articulando, imediatamente atestou o óbito e providenciou o sepultamento de Alberto o quanto antes para não levantar suspeitas contra si próprio.

No mundo invisível, Saul e sua equipe não demoraram e chegaram à Cidade de Jade.

Um agrupamento de emissários do bem estava preparado e mantinha-se em oração na praça central, e aguardavam as ordens benditas de encaminharem-se ao mundo de Yara.

Ferdinando, acompanhado de Débora e Ambrosio, em um local chamado ala de isolamento, que separava os desencarnados e onde os encarnados tinham acesso, aguardavam a chegada de Irene e Nestor.

---

24 - Nota do Autor Espiritual (Saul): Mateus, 6:34.

Tempo depois, ambos chegaram escoltados e, sem perda de tempo, encaminharam-se a um local reservado. Essa ala isolada da Cidade de Jade destoava da harmonia das demais dependências, que eram completamente blindadas pelo amor e paz celestial.

Destinada aos recém-chegados das zonas inferiores, os quais eram recolhidos, mas que ainda necessitariam passar pela triagem e grande assistência. Dali muitos filhos de Deus eram indicados a permanecer em Jade ou serem transferidos para outras cidades ou colônias preparadas para recepcioná-los.

Os habitantes de Jade, já orientados sobre a necessidade de se organizarem para pós combate com Yara, estavam devidamente preparados para receber um grande número de filhos de Deus que seriam direcionados para lá ou para outras cidades do mundo espiritual.

Nestor e Irene observavam cada detalhe e sem nada ousarem dizer, apenas caminhavam introspectivos e com profundo respeito.

Nesse momento, um homem chamado Abdias, acompanhado por quatro guardiões de Jade, adentrou o recinto.

Sua feição animalesca chamava a atenção. Ele, de cabeça baixa, parou diante de Saul. O emissário do bem, sem emitir uma palavra, se aproximou e voluntariamente abraçou-o com imenso carinho.

Ele, sem conseguir conter as suas lágrimas, retribuiu tal qual um filho em busca de um colo paterno. Saul, com um sorriso largo, disse:

— Creia, o céu canta feliz por ter aceitado vir conosco. Muitos estão em oração em seu favor, pois além de buscar a própria transformação para o bem, também nos ofereceu ajuda nessa missão tão grandiosa e complexa.

— Sei que não sou digno de adentrar esses portões. Portões esses que em meio à minha ignorância tentei destruir outrora. Mesmo tendo consciência de minhas inúmeras faltas, quero me redimir do meu passado. Foram quase dois mil anos de trevas voluntárias. Não posso perder a oportunidade que me foi concedida. Agradeço a você, Saul, por não desistir de mim. Quantos convites para a libertação, aos quais ignorei sem compaixão. Entretanto, você permaneceu firme, indicando com carinho a direção. Aqui estou para servi-lo. Infelizmente, não ostento clareza e luz suficiente, mas trago em minhas mãos marcadas apenas a vontade de ser diferente, melhor do que fui ontem.

— Amigo — interveio Saul — orgulho-me positivamente de estar diante de tão grande e sábio coração. Não importam os dias de ontem, hoje você está aqui construindo um mundo novo voltado para Deus.

Abdias, demonstrando uma verdadeira conversão, remetendo sua mente ao passado, quando vivenciou a existência ao lado do apóstolo Marcos[25], com dificuldade e vergonha disse:

— Guardo em minha memória, como se fosse hoje, aquele dia que covardemente não suportei o suplício da tortura e sob o jugo pesado de homens hostis, entreguei os restos mortais do apóstolo Marcos aos seus algozes. Por medo não fui capaz de guardar o sigilo do local onde os amigos desse emissário de Jesus

---

25 - Nota da médium: "aqui o autor se refere a história deste personagem relatada no livro *O símbolo da vida* — espíritos Ferdinando e Bernand — psicografado por Gilvanize Balbino."

haviam sepultado ele que, por grande ironia, sepultamento que também presenciei.

Marcos me acolheu — continuou Abdias — me ensinou sobre Jesus e me ofereceu uma vida nova. Eu, sem preparo algum, apenas ignorei tamanha sabedoria e sucumbi em meio à minha ignorância e ao medo. Desde aquele episódio, mesmo sem ninguém me culpar, muito pelo contrário, todos me estenderam as mãos para a luz, meu coração e minha mente me transformaram em algoz de mim mesmo. Transformei-me em um juiz austero e voltei às minhas raízes judaicas. De aprendiz de Jesus, cristalizei minha mente no aluno judeu que fui, tentando fugir da realidade.

— Meu filho — elucidou Ambrosio — somos capazes de realizar contra nós mesmos grande martírio, mas Jesus conhece nossas fraquezas e sempre nos concede grandes oportunidades de recomeço.

— Neste pilar de amor é que hoje me sustento e construirei um império íntimo de perdão e refazimento — disse Abdias. — Arrependo-me por ter encontrado nas trevas uma maneira de me punir. Sem suportar o peso da cobrança que eu mesmo fazia sobre mim, criei um exército para caçar os seguidores de Marcos sem piedade.

Minha mente se cristalizou naquela época e me posicionei mentalmente na condição de um general naquela oportunidade. Aqueles que caçaram o inocente apóstolo. Dessa forma, segui por anos, distribuindo todo o mal que residia em mim mesmo e descobri uma força incontida do mal em meu coração. Agi friamente sem nenhuma misericórdia. Fui um general austero das sombras. Então, ao me deparar com Saul expressando tamanha compaixão comigo, onde pude experimentar a doçura do amor, decai-me sobre meu próprio império. Minha mente enfermiça descortinou-se em grande realidade. O passado lúcido tomou conta do presente.

Uma pausa se fez, Abdias tentando refazer-se de tamanha emoção e da dor do remorso que lhe tocava o coração, em um gesto simples, secou as lágrimas sofridas que tocavam suas faces e continuou:

— Fui um tolo ao acreditar que congelar a mente em um momento de uma vida fosse a solução. Persegui você, Saul, como um caçador feroz persegue sua caça. Surpreendentemente, cada ato de ódio por mim emitido contra você, recebia amor e complacência, o que não poderia esperar o contrário de um grandioso coração como o seu.

— Amigo amado — interveio Saul — não me exalte, sou apenas um filho de Deus que acredita que todos podem ter uma chance e se transformar para o bem, eis nossa tarefa.

— Naquele inesquecível dia, quando o ministro supremo de Jade, Ferdinando, e Débora, quem jamais poderia ter esquecido, se ajoelharam diante de mim e disseram que o próprio apóstolo, aquele que eu mesmo não consegui defender os restos mortais, me suplicava ajuda. Tamanho amor vertia de seus corações e vencido, não consegui manter-me fiel as trevas que eu mesmo criei, sucumbi à luz alva que tomava meu coração. Imediatamente, recobrei a memória saudável. Fatos do passado e atitudes maléficas do presente se misturavam, mas não justificavam minha atuação contra Jesus.

Nesse ínterim, Ferdinando, Débora e Ambrosio aproximaram-se. Abdias, mantendo um semblante emocionado, apontou para os emissários do bem e continuou:

— Por isso, resolvi me libertar de minhas trevas íntimas. São por eles, por Marcos, o apóstolo, e todos que um dia conheci e me levam a Jesus, que estou aqui para servir. Agora por uma boa causa.

Saul, reluzindo sua habitual luz dourada, ouvia com respeito aquelas palavras e com incondicional amor alterou o rumo da conversação e disse:

— Estamos em especial missão e precisamos ser exatos em nossas ações. Qualquer falha poderá ser fatal, mas confiamos em Jesus e em vocês. Como já instruímos Irene e Nestor, precisamos que atravessem as muralhas do mundo de Yara — Saul preocupado prosseguiu: — eis a nossa dificuldade. Deve haver alguma fraqueza na segurança daquele lugar que poderemos explorar.

— Perdoe-me — disse Abdias. — Conheço as fraquezas de segurança do mundo de Yara. Os guardiões que fazem a guarda na entrada principal estão aficionados pelos transeuntes que vêm da Terra, pois eles podem apresentar grande ameaça à líder. Então, um dia descobri que eles esqueceram que, na zona norte da muralha há uma entrada construída sigilosamente por encarnados e desencarnados que foram proibidos por Yara de frequentar o local por não respeitarem as suas leis sombrias. Entretanto, devido ao vício energético de seu mundo, esses desviados encontraram uma maneira de adentrar ao local e se nutrir com a volúpia sexual sem serem percebidos.

— Amigo — interveio Saul com uma expressão mais positiva — precisamos infiltrar Irene e Nestor para chegarem a uma sala especial de onde Yara comanda todo seu mundo. Por isso, quando estiverem lá, nos conectaremos às suas mentes e juntos emanaremos força suficiente que, por meio de seus corpos, expandiremos a luz necessária para romper a fortaleza.

— Se quiserem ter êxito deverão utilizar essa passagem — Abdias olhando profundamente para Nestor, continuou: — Apesar de saber quem você foi, acredite, não está preparado para atravessar aquela muralha e enfrentar o poder que aquele local emana sobre os espíritos em condição masculina.

Nesse momento, sem Nestor conseguir romper o véu do esquecimento que lhe foi imposto naquela encarnação, não conseguia reconhecer Abdias. Naquele instante, diante dele estava apenas um líder das trevas, sentenciando-o às suas leis. Nervoso, Nestor disse:

— O que você disse? Como pode saber se estou ou não preparado para essa tarefa? Como ousa me julgar, alguém como você que se quer sabe o que significa luz, alguém que exala o perfume sombrio do submundo pós-morte.

— Meu caro — tornou Abdias, sem alterar-se. — Por ser um conhecedor profundo das trevas, sei o que digo. Para adentrar em um mundo como aquele é necessário incansável prática no bem, uma fé indestrutível e, sobretudo, um amor incondicional a Jesus.

Saul percebendo a desnecessária tensão do momento, interveio:

— Amigos, não devemos oferecer oportunidade para uma conversação desagregadora, apenas devemos aceitar cada servidor como é e crer em Jesus, pois é o Senhor que nos convoca agora. Diante de mim, ambos foram chamados e exerceram suas tarefas da melhor maneira possível.

Abdias aproximando-se de Irene, analisando-a com curiosidade, não se conteve e disse:

— Então, ela é real. Sempre tive curiosidade sobre esta médium. Muito comentada nas zonas inferiores devido as tentativas de influência do mal sem sucesso. Também comentam sobre a lealdade dela aos membros da Cidade de Jade. Mesmo sem conhecê-la, acreditem, designei muitos soldados sob minhas ordens para tentar trazê-la para as sombras e servir a mim. Agora estou ao lado dela para servir a Jesus. Também ouvi dizer que há médiuns preparados para missões especiais, mas pelo que percebo, Irene será muito útil para nós, pois é um instrumento afinado com a Cidade de Jade.

— Senhor — disparou Irene com inteligência — se um dia já dedicou seu tempo tentando me influenciar negativamente, agora lhe afirmo que por esta causa, acredite, seguirei suas ordens sem contradizê-las.

— Sua atitude me agrada — disse Abdias, surpreso. — Agora sejamos práticos. Ambos deverão seguir as minhas ordens. Enquanto nós três estivermos adentrando aquelas muralhas, alguns encarnados e desencarnadas, em condição feminina de exuberante beleza, escolhidos por mim com muito zelo, chamarão a atenção dos guardiões da entrada principal. Acreditem, isso não foi difícil para mim, afinal, muitos me deviam incontáveis favores.

Assim teremos tempo suficiente para atravessarmos o salão principal e nos estabelecermos no centro de comando, pois somente nesse local há uma conexão com o exterior utilizada por Yara para emitir as vibrações de seus pensamentos perversos e ordenar seus súditos.

Os presentes ouviram as palavras embrutecidas de Abdias e concordaram com os detalhes que já haviam sido minuciosamente analisados pelos administradores da Cidade de Jade.

— Sabíamos que poderíamos contar com sua astúcia — disse Saul. — Sugiro não perdermos mais tempo e seguir para a missão que nos aguarda.

Os olhos de Irene brilhavam e o silêncio anunciava que a oração era presente em seu coração. Mantendo-se discreta e fiel aos propósitos ali apresentados, respeitava as ordens, sem opor-se.

— Senhor — disse Irene com humildade e até mesmo apresentando ingenuidade sem dimensionar a guerra que enfrentaria — estou feliz em poder servir. Rogo a Jesus forças suficientes para que minha inferioridade não interfira nessa missão.

— Faço minhas as palavras de Irene — interveio Nestor. — O que mais desejo é servir. Que Deus me ajude não sucumbir às sombras.

— Para isso — emendou Saul —precisam afastar os pensamentos de fraqueza e revestir seus corações com fé e coragem. Lembrem-se de que precisamos de vocês como são — apenas como são.

O ambiente foi invadido por um perfume semelhante ao aroma brando das rosas alvas. Uma benfeitora da Cidade de Jade chamada Estela, que ouvia a conversa discretamente, aproximou-se de Irene e em gesto maternal abraçou-a e disse:

— Filha, mais uma vez o céu suplica sua renúncia e dedicação aos menos favorecidos diante da luz. Acredite que ao sair daquela zona sombria estarei aqui pronta para lhe oferecer meu coração para seu restabelecimento.

As lágrimas não eram ausentes nas faces de Irene, que recebia aquela demonstração de amor com resignação.

No tempo definido, sob as ordens de Saul, Abdias com admirável inteligência promovia um procedimento de impregnação, deixando os corpos espirituais de Irene e Nestor mais densos sob a mesma linha vibracional do mundo de Yara. Ação indispensável para não serem descobertos.

Ao término do curioso procedimento, os semblantes de Irene e Nestor estavam modificados e assim chegava a hora de partir.

Aqueles emissários de Jesus seguiriam para enfrentar a difícil missão, mas levando em seus corações a força de Deus.

CAPÍTULO 21

Depois das muralhas, o grande confronto

Porque, na verdade, o Filho do Homem vai, conforme está escrito a seu respeito.

Marcos, 14:21

Ao chegarem às mediações do mundo de Yara, o exército de Jade se posicionava sem ser percebido.

O local denso era intensificado por uma névoa espessa e acinzentada que tornava o ar pesado, quase impossível de suportar.

Em frente à entrada principal, os guardiões mantinham-se completamente invigilantes, envolvidos pelas belezas extravagantes daqueles seres femininos que Abdias havia enviado para entretê-los.

Enquanto isso, sorrateiramente, Abdias segurando a mão de Irene e acompanhado por Nestor, seguiram para a entrada norte.

O exército de Jade estava aposto sob as ordens de Saul, sem serem notados, contando com o reforço de Ferdinando, Estela, Débora e Ambrosio.

Surpreendentemente, ao contrário de muitas zonas sombrias, o local criado por Yara era revestido de luxo e excessos por todos os lados.

Ébrios encarnados se misturavam aos desencarnados, unidos pela força mental dos pensamentos de baixa frequência e desfrutavam dos benefícios do ambiente em inenarrável cena.

Ao chegarem ao salão principal, Yara reinava imponente e festejava a chegada de Alberto que estava em uma cela ainda sob um enorme e perturbado torpor.

Tempo depois, aproximaram-se do local de conexão e antes mesmo de Irene se posicionar onde havia sido combinado, foram inesperadamente surpreendidos.

Neste momento, Nestor foi subitamente assediado por criaturas deformadas que esbanjavam sensualidade.

Ele sem suportar os sucessivos golpes energéticos caiu de joelhos. Irene mantendo-se firme, segurou-o nos braços, tentando ajudá-lo. Com carinho e força, disse:

— Não se entregue as trevas, abra sua mente para Deus e pense em Jesus, pois nossos amigos precisam de nós — tentando retirá-lo do assustador transe que lhe tomou de pronto, perguntou: — Abdias, por Deus, o que está acontecendo?

— Ele não resistiu às influências e cedeu aos prazeres deste lugar — Abdias, sem piedade, desferiu um tapa em Nestor, tentando despertá-lo daquele envolvimento. — Você deve aproximar-se mais de Yara e de lá busque conectar-se a Saul.

— Como farei isso sozinha? Nestor seria meu apoio.

— Não tema, eu serei seu apoio — disse Abdias — Eu ficarei com ele. Só você poderá salvar a missão, então agora vá, não podemos perder tempo, pois senão seremos descobertos. Dou-lhe minha palavra que não lhe abandonarei. Vá.

Irene, sem contradizer o amigo, seguiu e posicionou-se no local definido. Com grande capacidade mediúnica, mergulhou em profunda oração e estabeleceu com Saul a conexão perfeita. Ela recebia aquela iluminada força e expandia-se, assemelhando-se a um grande sol.

Imediatamente, Yara desceu de seu trono cheia de ira. Observando todos os detalhes, chamou o líder de sua guarda pessoal e caminhou na direção daqueles filhos de Deus.

Nesse momento, Yara percebeu que algo fugia de seu controle, gritando, disse:

— Estamos sendo atacados pelos iluminados. Rápido, avante ao ataque!

Antes de Yara poder reagir, Saul percebeu que algo havia mudado nos planos iniciais, não perdeu tempo e emitiu a ordem aos presentes.

Aproveitando o momento de fraqueza dos guardiões, em um gesto forte, ordenou que sua equipe intensificasse a oração. Unidos, emitiam de seus corpos raios luminosos que eram lançados apresentando um forte clarão.

Saul, vigilante, promoveu a expansão perispiritual necessária para romper a guarda local, para que os emissários do bem pudessem atravessar as muralhas.

De súbito, as figuras cândidas de Ferdinando, Débora e Ambrosio surgiram dando ao grupo imensa e indestrutível força.

A luz emanada por eles invadiu o local e Irene, na condição de médium, recebia de Saul uma luz dourada que irradiava por todo o recinto.

Enfim, as criaturas, temporariamente distantes de Deus, corriam amedrontadas e tentavam defender-se de tão grandiosa luz.

Em indescritível cena, desencarnados buscavam refúgio em outras moradas naquela região de trevas, enquanto os encarnados retornavam aos seus corpos de súbito, despertando com a sensação de sombrio pesadelo.

Os guardiões, com medo, fugiram e nesse momento, Saul, sua equipe e os demais benfeitores adentraram a zona cinzenta.

Aos poucos, as paredes das muralhas foram ruindo.

Os emissários do bem foram se aproximando do local onde Irene estava para libertá-la daquela conexão exaustiva.

Ela, sem medir as consequências, correu para auxiliar Nestor que permanecia entorpecido, quando Yara completamente alucinada, disse:

— Maldito Abdias! Você me traiu trazendo os iluminados para meu mundo. Do mesmo jeito que no passado não conseguiu ser fiel a Marcos, o apóstolo. Eu o torturarei ao limite de suas forças. Quero ver se suportará e se manterá fiel aos emissários do bem.

Sem piedade, Yara irradiou uma luz negra, tal qual lâminas frias e afiadas sobre Abdias que recebia o martírio em uma condição que despertava comiseração aos presentes.

Nesse momento, em um gesto de misericórdia, Irene, sem medir as consequências, tentando salvar o amigo de tamanho martírio, lançou-se em sua frente e o inevitável ocorreu. Ela com resignação absorvia aqueles golpes, enquanto Abdias se refazia rapidamente.

Irene não suportou os golpes e quase desfalecida caiu no chão. Abdias levantou-se para socorrê-la e, com zelo, colocou-a em seus braços e disse:

— Por que você agiu assim, lançando-se diante de mim para que eu não recebesse aqueles golpes? Por que me salvar? — nesse momento, as lágrimas voluntárias marcaram suas faces.

Irene com evidente dificuldade, confessou:

— Por que não faria? Como você mesmo disse: "Por eles, por Marcos, o apóstolo, todos que um dia conheci e me levam a Jesus, estou aqui para servir."

Abdias, em um gesto paternal encostou a cabeça de Irene desfalecida em seu peito e com imensa dificuldade, rompeu os próprios preconceitos e orou:

— "Jesus, quem um dia conheci, por quem um dia vivi e quem amei com toda força de minha existência, não suplico por mim, suplico por este anjo que o Senhor enviou para restabelecer de vez meu coração marcado por incontáveis faltas.

Ela não perguntou quem eu era ou quem fui e sem nada pedir, ofereceu seu coração a meu favor.

Em meu caminho, poucas vezes me deparei com alguém que demonstrasse tamanho amor ao próximo.

Como nada tenho a lhe oferecer, porque sou apenas um escravo das trevas que residem em mim mesmo, imploro Senhor: salve este anjo e lhe devolva a vida em plenitude."

Nesse momento, a equipe de Saul acompanhada de Ferdinando, Estela, Débora e Ambrosio adentrou o recinto.

Nestor, imediatamente, foi cuidadosamente retirado daquele recinto, enquanto Estela e Saul, com preocupação, aproximaram-se de Irene.

Estela com imenso carinho envolveu-a com intenso amor e sem perda de tempo, sob orientação de Saul, devidamente escoltada, retirou Irene e Abdias daquele sombrio local, retornando para a Cidade de Jade.

Enquanto isso, o mundo de Yara lentamente foi destruído.

Os emissários de Jesus se aproximaram confiantes, emitindo uma luz fortalecida que reluzia amor, que impregnava no ambiente rompendo as trevas.

Ao se depararem com Yara completamente transfigurada para o mal, que sem nenhuma misericórdia expandia-se violentamente, tentando preencher o recinto com densas chamas ardentes semelhantes a fogo vivo, fazendo com que o combate fosse inevitável.

Ferdinando, Débora e Ambrosio uniram-se e sobre Yara derramavam uma luz azulada que, aos poucos, anulava a força daquela líder das trevas.

Lentamente Yara viu-se sozinha e enfraquecida. Afinal, seu mundo do mal foi destruído pela força de incontestável amor.

Ela visivelmente exausta, não conseguiu manter-se firme e caiu de joelhos. Seu corpo deformado, sutilmente voltava à forma normal, dando a ela o semblante de mulher que ostentava agora uma beleza frágil e enfermiça.

Tempo depois, Yara olhou para Ambrosio e tornou:

— Enfim, frente a frente após tantos anos de uma busca sem fim. Construí este mundo para nós dois e esperava o dia que reinasse imponente ao meu lado. Você foi e é o único homem que não se curvou a mim e não consigo compreender essa escolha. Meu amor por você foi a razão para eu ser o que sou.

Sempre fui desejada e disputada, mas você me ignorou severamente. Busquei na força da Terra, nas frequências mais baixas do pensamento manter meu império que agora foi totalmente destruído.

— Filha — interveio Débora com compaixão. — Não foi o amor que transformou você para o mal, mas sim suas próprias escolhas. O amor é brando e nasce além da matéria. Quando os filhos de Deus estão unidos para experimentar uma vida, creia, o início de suas histórias foi delineado pelas sagradas mãos do Senhor e nas bênçãos de Jesus, que solidifica a estrutura desse amor sobre os alicerces do conhecimento, respeito, tolerância e paz.

Yara tentando refazer-se, após breve pausa, continuou:

— Não me venham falar de amor — disse contrariada. — Alberto era a peça principal para me ajudar a manter esse mundo. Por meios de seus pensamentos e atitudes desviadas teria o que precisava para fazer valer meu império. Ele era para nós grande fonte de manutenção de energia turva que atraia para cá muitos afins.

Foram inteligentes, não posso negar — continuou Yara. — Já tentaram infiltrar outros aqui, mas sempre descobri no tempo certo. Entretanto, as trevas também falham, eu fui invigilante. Não contava que buscariam ajuda em Abdias, governador de outra cidade das trevas e confiei em meus guardas, mas jamais imaginei que minha fortaleza estava vulnerável.

Havia prometido aos meus súditos que se conseguíssemos trazer Alberto para cá, faria uma grande festa, mas todos ficaram tão alucinados com a potencialização das forças negras, oriundas das regiões baixas, que se descuidaram da guarda. Estou arruinada. Tudo ruiu. Destruíram meu mundo, mas não conseguirão conter o ímpeto dos corações da humanidade que ainda se nutrem pelas energias de baixa frequência.

Ambrosio com carinho lhe acariciou as madeixas e a encorajou:

— Levante-se e olhe sobre as montanhas que temporariamente turvam seus olhos. Nem sempre se age com a visão ampliada para Deus. Mesmo que a Terra ainda não compreenda o quanto é importante transformar os pensamentos e atitudes para o bem, encontraremos corações desviados, pois sabemos que modificar a rota do pensamento requer esforço. A libertação é importante para o coração não cair em abismos misteriosos do próprio ser.

É tempo de modificar a atitude para que os sentimentos elevados ocupem sua vida, levando-a para o Senhor. O falso amor que dizia sentir por mim nada mais era do que o sentimento de uma criança contrariada que recebeu um não de um pai. Meu amor por você é brando e paternal. Estou aqui para acolhê-la na condição de uma filha amada que necessita retornar aos braços de Deus.

— O que está acontecendo comigo? — indagou Yara, enfraquecida. — Estou confusa. Não entendo esse doloroso sentimento de remorso que repousa em mim e que não consigo me desvencilhar dele. Logo eu que sempre fui tão forte. Como pode vir aqui para me acolher como um pai se em verdade lhe cacei ferozmente para tê-lo ao meu lado na condição de meu companheiro? Como seu Jesus é tão benevolente com alguém como eu?

Enquanto Ambrosio com carinho emanava uma luz serena sobre Yara, a líder das trevas agora era apenas alguém frágil que se desarmava diante de tamanho amor. Ele, com respeito, continuou:

— Não poderei ser o companheiro que deseja, mas serei o amigo que voluntariamente lhe estende as mãos para lhe indicar o caminho de Deus. Esqueça o passado. Hoje é o momento de recomeçar e vamos auxiliá-la nessa nova vida que lhe é oferecida com compaixão — abraçando-a com respeito e carinho, Ambrosio continuou: — Agora descanse, pois os anjos dos céus esperam por você. Haverá o dia que, quando estiver refeita e conhecer Jesus em sua grandiosa sabedoria, terá oportunidade de rever o pretérito e auxiliar o Senhor na construção de um mundo renovado. Por agora, é necessário se reestabelecer.

Yara desfaleceu. Fora vencida. Sem conseguir manifestar um gesto ou pronunciar uma palavra sequer. Devidamente escoltado, Ambrosio retirou Yara daquele local e seguiram para a Cidade de Jade.

Após Yara ter sido recolhida, Saul acompanhado de Ferdinando e Débora, caminhava nas ruínas até chegarem à única cela que se mantinha em pé, sustentando lastimável quadro mental.

Ao se aproximarem, o cenário era digno de comiseração.

Enquanto Alberto permanecia inerte, em profundo e alucinado torpor, deitado em um leito, Adelinda, completamente ensandecida, cuidava dele e balbuciava palavras repetidas e desconexas. Fragilizada devido às sucessivas sessões de tortura, as quais foi submetida sob as ordens de Yara, não reconhecia os emissários do bem.

Saul com astúcia, tentou aproximar-se, mas ela não permitia que ninguém tocasse em Alberto, protegendo-o tal qual uma fera que protege suas crias.

Débora com cuidado ministrou-lhe um passe, serenando-a tal qual uma criança desprotegida:

— Filha amada — solicitou Débora — venha comigo. Agora tudo está bem e para onde você irá, receberá todo auxílio necessário para seu restabelecimento.

— Não irei sem Alberto — continuou Adelinda. — Ele é meu amor e não me ausentarei do lado dele.

Alguns médicos membros da equipe de Saul, que estavam de prontidão, percebendo a delicadeza do momento, intensificaram o passe sobre Adelinda, fazendo-a esmorecer e ceder à assistência de amor.

Débora amorosamente abraçou-a, tal qual uma mãe benevolente. Saul percebendo que o momento era propício, não perdeu tempo, orientou alguns membros de sua equipe para retirar, imediatamente, Débora e Adelinda daquele recinto.

Enquanto ambas saiam sob intensa proteção, inesperadamente, um grupo sombrio de espíritos completamente voltados às sombras, aproximou-se de Alberto. Sem conseguir ver a presença dos emissários do bem, tentavam resgatá-lo para levá-lo a outra morada das trevas, próximo àquela região.

Eram espíritos que viveram ao lado de Alberto em afinidade por muitos anos, desfrutando de suas atitudes inferiores.

Um deles, reconhecido como o líder daquele agrupamento, comentou:

— Enfim, ele está aqui. Vamos levá-lo conosco. Afinal, ele tem muitas dívidas comigo e chegou o momento de saldá-las. Ajudei-o muito com as questões profissionais, dinheiro e sexo. Agora quero apenas o que me pertence.

Nesse ínterim, Saul interveio. Esse grupo, completamente vulnerável e despreparado não representava medo. Então, sem serem percebidos, os emissários do bem emanavam sobre eles intensa luz, cegando-os e fazendo-os se afastarem de pronto. Sem conseguirem entender o que acontecia, apenas correram sem impor restrições.

Assim o "Mundo de Yara" terminava ali, o último quadro mental havia sido rompido e Alberto foi transferido para a Cidade de Jade, para receber os primeiros socorros.

Ao chegarem à Cidade de Jade, encaminharam-se rapidamente para a ala de isolamento. Médicos bem orientados, enfermeiras e os auxiliares receberam Alberto e iniciaram o processo de desimpregnação.

Saul, mesmo visivelmente abatido em razão da complexidade da tarefa encerrada, não se ausentou do lado de Alberto até que tivesse certeza que ele estava sob controle. Felipe, após terminar um procedimento com o recém-chegado, disse:

— Saul, Alberto, Yara e Adelinda estão prontos para serem transferidos da Cidade de Jade para o destino designado.

— É o melhor que podemos fazer por agora — tornou Saul. — A chuva magnética sobre suas mentes é intensa e não podemos mantê-lo aqui ou fixá-lo em alguma colônia próxima de nós. O que vamos fazer é mantê-los por períodos curtos em alguns locais, os quais foram aceitos para auxílio temporário. Com isso, desvencilharemos seus algozes e suas vítimas de continuarem com um ciclo hostil de perseguições.

Antônio, perplexo, aproximou-se e não se conteve. Admirado, disse:

— Saul, como acolher alguém como Alberto? Alguém que promoveu tantos males quando estava encarnado. — Com um olhar de repreensão, Antônio continuou: — Essas duas mulheres que merecem ser punidas pelos seus atos. Perdoe-me, mas, para mim, é difícil aceitar essa atitude.

— Não nos cabe julgamentos sobre esses espíritos — suspirando, Saul com respeito, prosseguiu: — Por designação superior eles ficarão sob os cuidados intensos em uma ala hospitalar, própria para o desligamento de suas mentes enfermiças do apego à matéria e dos vícios que ainda estão vivos neles. A razão desta decisão é conter-lhes o ímpeto. Há pouco foi rompida a zona de trevas mantida por Yara, mas se os deixarmos livres, sem esse temporário e compulsório torpor, alguns possíveis males maiores eles poderão cometer nessa fase atual, a qual se encontram com suas mentes ainda cristalizadas no mal.

— Com essa atitude — interveio Débora — acreditamos que eles abrandarão seus espíritos afoitos sob intensa vigilância e seus atos estarão contidos até que possam exercer com responsabilidade seu livre-arbítrio. Assim, será rompido o ciclo do mal criado outrora. Isso não significa que suas habilidades de escolhas tenham sido totalmente tolhidas, apenas temporariamente contidas para que recebam a assistência e o amor celestial, sem restrições. Nós não os abandonaremos. Acompanharemos e apoiaremos as colônias que estiverem cuidando deles, no que for necessário para essa tarefa.

— Perdoe-me a ignorância, pois ela ainda reside em mim — confessou Antônio, envergonhado. — Em verdade, fico maravilhado com o amor demonstrado aqui por todos, indistintamente. Procurarei reforçar meus estudos e um dia ser digno de retornar aos trabalhos externos. Por enquanto, reservo-me ao aprendizado. Por favor, diga-me: esse sono ao qual foram acometidos será tranquilo?

— O fato de estarem adormecidos não significa que estejam em paz — respondeu Saul. — Suas mentes permanecem ativas e fatos de suas vidas se mesclam entre sonhos e pesadelos, pois não podemos nos esquecer de que eles são vítimas de suas próprias escolhas. Mesmo assim, sob os cuidados intensivos dos passes, tratamento que já está estabelecido para eles, terão condições de despertar, oportunamente, para rever suas atitudes e ajustarem a rota de suas existências.

Assim aqueles corações foram transferidos da Cidade de Jade para dar continuidade às histórias de suas vidas.

Tempo depois, Ferdinando e Débora se aproximaram e a expressão de felicidade marcava seus rostos.

Nestor, refeito, foi conduzido à sala onde os emissários do bem o aguardavam. Ele, abatido, não escondendo a dor que ulcerava seu coração, disse:

— Nobres senhores, não fui digno de honrar a missão a mim confiada. Rogo que me perdoem.

— Caro amigo — disse Ferdinando — é importante que não se submeta a tamanho martírio íntimo. Sua participação foi importante e, acredite, sabíamos que o acontecido com você poderia incorrer com qualquer homem que ali encaminhássemos. Retorne ao corpo e rogo que não se sinta incapaz. Precisamos que continue ativo no grupo ao qual faz parte, conduzindo Rita e os seus aos ensinamentos espíritas. Está em suas mãos a missão de orientação e condução daqueles corações a Jesus.

Ferdinando em um gesto de amor colocou a destra na fronte de Nestor e lhe ofereceu um passe que faria esquecer os fatos vividos no mundo espiritual.

Ele, ao recebê-lo, em silêncio, foi conduzido ao corpo físico que repousava no leito e em paz.

Nestor despertaria naquela manhã disposto sem recordar de nenhum ato vivido na noite anterior, apenas guardaria consigo a sensação de paz.

Logo após o retorno de Nestor, Abdias, exaurido e abatido, chegou àquele local. Ele, em silêncio, acreditava que também seria transferido, entretanto, Saul disse:

— Filho, ao contrário dos demais, você ficará aqui na Cidade de Jade conosco. Em reconhecimento ao seu esforço em querer se modificar e buscar a luz, eu mesmo conduzirei seu tratamento com o apoio dos nobres amigos que já se colocaram à disposição para auxiliá-lo.

Voluntariamente, os presentes aplaudiram Abdias e o saudaram com imenso carinho. Ele não escondia as lágrimas e entre soluços, disse:

— Como posso ser merecedor de tamanho acolhimento? Sobre meus ombros o peso de meus atos cai como um madeiro, cobrando-me o passado. Precisarei de toda ajuda e de agora em diante procurarei minha cura para ser um servidor ao lado de todos vocês — se aproximando de Saul, beijou-lhe a destra e continuou: — Sem sua ajuda, ao certo, não estaria aqui. De hoje em diante acatarei cada recomendação para que eu possa encontrar meu caminho. Entretanto, algo aperta meu coração. Conheci muitos seres iluminados, mas Irene, uma simples encarnada, tocou meu ser. Digam-me: será que um dia poderei revê-la?

Nesse momento, Irene ao lado de Estela, aproximou-se. Espontaneamente, sem preconceitos, abraçou Abdias, depositando um beijo carinhoso em sua testa:

— Não tenho palavras para expressar minha gratidão — disse Abdias. — Seu gesto foi e será para mim um marco de minha regeneração e quando voltarmos a nos encontrar, acredite, lhe abençoarei com toda verdade de meu ser.

Irene, secando a lágrima tímida, lançou um olhar brando aos emissários presentes, saudando-os com imenso respeito.

Em despedida, recebeu um abraço de Estela que a impregnava de uma luz regenerativa para que pudesse despertar sem as impressões vividas.

Saul, bondoso, aproximou-se e disse:

— Chegou o momento de retornar. Vá, filha, pois também é necessário que continue firme no propósito cristão a você confiado. Não se lembrará de absolutamente nada do que experimentou aqui ao nosso lado, mas guardará no coração a sensação de plenitude de um trabalho bem realizado. Agora, vá.

Respeitando a ordem, Irene retornou ao corpo para despertar naquele amanhecer com o sol brilhando e aquecendo de esperança os corações que estariam ao seu lado por toda uma vida.

Enquanto isso, os trabalhadores de Jade retornavam às suas tarefas, aguardando nova deliberação sobre as tarefas do porvir.

CAPÍTULO 22

Superando o passado, escrevendo uma nova história

Não o impeçais, pois não há ninguém que faça milagre em meu nome e logo depois possa falar mal de mim. Porque quem não é contra nós é por nós.

Marcos, 9:39-40

Retornando ao mundo físico, a vida seguiu seu curso para os personagens dessa história.

Após a separação, Rita não poupou esforços para refazer-se e construir uma nova existência. Sem mais possuir o imóvel que foi requerido por Alberto em definição judicial, foi morar em uma casa simples, oferecida por Fátima e Ricardo.

Unindo-se a Fátima, revezava-se com as atividades do dia a dia na padaria de Leopoldo de Alcântara e da capital, assim como, mantinha o trabalho de costureira, mas agora, em menor intensidade.

Ambas viajavam uma vez por semana para São Paulo o que propiciava participar da instituição que a médium Irene conduzia.

Rita havia se convertido ao espiritismo e encontrou nos ensinamentos de Jesus forças para recomeçar e seguir adiante. Isso fez que a amizade com Nestor se estreitasse. Ela encontrava nesse amigo apoio e alegria para sua vida, que se modificava por meio da força da perseverança para superar os fatos do passado e encontrar no presente uma maneira para continuar.

Enfim, havia chegado o dia do casamento de Sabrina. A jovem e Adriano não escondiam a felicidade e como fazia pouco tempo da separação de sua mãe, optaram por uma cerimônia simples, sem festividades.

Em razão da conversão de Rita e de sua separação, o pároco Osvaldo proibiu que ela fosse a igreja para não dar mau exemplo aos seus frequentadores ou incitar mais a evasão de sua paróquia.

Em razão disso, não celebraram o matrimônio na igreja, mas mesmo assim, com muita alegria, não deixaram de festejar aquela união tão esperada.

Dessa forma, o novo casal iniciava uma história particular e abençoada pelos céus.

Naquela manhã, Fátima cuidava da padaria quando Leonor, mãe de Alex, adentrou. Após os cumprimentos, perguntou:

— Como está Alex? Há tempo não vejo seu filho.

— Não está nada bem — revelou Leonor, sem esconder o semblante triste. — Confesso que temos vivido um sofrimento quase sem fim. Pelo menos quando meu filho andava com Adriano, meu coração ficava mais tranquilo, apesar de suas loucuras.

Fátima, percebendo a delicadeza do momento, conduziu a amiga a uma mesa e com carinho, levou uma jarra com água e sentou-se para ouviu-lhe o triste relato. Leonor não escondia as convulsivas lágrimas e após tomar um gole de água, buscando acalmar-se, prosseguiu:

— Alex começou uma amizade com dois jovens que, confesso, não eram de meu agrado. Influenciado por eles, não demorou para meu filho conhecer as drogas. De uma simples brincadeira, hoje ele é um dependente químico. Já fiz de tudo para trazê-lo de volta para mim, mas a droga o massacra dia a dia.

— Por Deus! Desconhecíamos o estado de Alex.

Leonor, entre soluços, confessou:

— Por dias não reconhecia mais meu filho. Foi difícil aceitarmos a realidade. Infelizmente, ele havia sido consumido pelo vício. Parecia estar em constante domínio do mal. Inexplicavelmente, de um tempo para cá parece que se acalmou e depois de muito esforço, ele aceitou ajuda e está internado em uma clínica de recuperação. Tenho fé em Jesus que ele vai se recuperar.

— Acredite — tornou Fátima. — Jesus não a abandonará. Reconheço o quanto é difícil para uma mãe se deparar com tão triste realidade, mas você já fez o correto: o encaminhou para o tratamento da matéria e agora precisa do tratamento do espírito.

— É um martírio para nossa família. Tenho mais um filho além de Alex. Ele não suportou ver o irmão nesse estado deplorável e foi morar em São Paulo, para finalizar os estudos. Agora, eu e meu esposo lutamos para vê-lo curado, sabemos que é complexo esse caminho de libertação, mas não vamos abandoná-lo. Soube que agora você é espírita, então lhe suplico que ore por nós.

— Se lá é a cura do espírito, então um dia irei conhecer. Sei que não estou só, mas há dias que esmoreço e outros que me sinto uma heroína. Por agora, oro que ele fique na clínica o tempo que for necessário. Alex sempre foi um jovem difícil. Oferecemos tudo para ele. Os estudos e o melhor que podíamos dar. Não sei onde erramos, mas confio em Jesus que um dia ele se recuperará.

— Querida, não se culpe. Nossos filhos pertencem ao Senhor e nossa missão é entregarmos eles melhores para Deus. Acredite, você fez sua parte, mesmo que não pareça, ele está acolhido e não tardará o dia de sua libertação. Confie! Hoje mesmo, encaminharei seus nomes às preces e quando puder, venha comigo conhecer a casa espírita a qual frequento. Lá encontrará forças suficientes para entender o plano de vida de seu filho, fortalecer sua fé e encontrar no Senhor a direção para seguir.

— Suas palavras servem de acalanto ao meu coração cansado — revelou Leonor, abatida. — Aceitarei seu convite. Oportunamente, conhecerei o espiritismo, mas agora tenho que partir, as visitas são controladas e não posso deixar de ver meu filho.

Em um abraço afetuoso, Fátima e Leonor despediram-se, enquanto no invisível os emissários do bem não abandonavam aquela mãe e independente dos atos de Alex, ele também era amparado por sublime luz.

Naquela manhã em Leopoldo de Alcântara, Ricardo, Fátima e Adriano estavam comprometidos com os afazeres cotidianos na padaria, quando um jovem aproximou-se de Ricardo e perguntou:

— Senhor, perdoe-me incomodar, mas preciso de ajuda. Conhece esse homem? — o jovem tímido mostrou um papel com os dados de Alberto.

Fátima e Adriano, percebendo o cenário constrangedor, aproximaram-se. Ricardo preocupado, tentando sondá-lo para saber o motivo da visita, perguntou:

— Diga-me: qual é o objetivo de sua pergunta?

— Não se preocupe, venho em paz. Sou de São Paulo, da capital. Na verdade, viajei até aqui a pedido de minha mãe para encontrar uma senhora chamada Rita. Por favor, poderia me ajudar a encontrá-la? A notícia que trago é muito importante e requer pressa — após breve pausa, o jovem continuou: — Minha mãe me pediu para vir até aqui entregar emergencialmente esta carta a pedido de nossa vizinha, dona Elisa. Ela está no hospital com um câncer maligno, em fase terminal. O neto dela está em minha casa, sob os cuidados de minha mãe, temporariamente. Eis a razão de estar aqui tentando encontrar a esposa desse tal Alberto.

— Meu jovem — disse Ricardo com firmeza — sim, a conheço e lhe solicito que deixe a carta comigo que eu a entregarei.

— Senhor, minha mãe foi categórica e me pediu para entregar apenas nas mãos dela — o jovem após pensar por alguns instantes, disse: — Não tenho onde ficar aqui, sequer condições para custear um hotel, então se me prometer que chegará às mãos dela, não vejo problema. Senhor, é uma questão de vida. Vou confiar e rogo que entregue para ela.

Tempo depois, o jovem, após ter cumprido a missão, despediu-se e partiu para São Paulo.

Adriano, curioso, analisou o envelope e comentou:

— Não seria melhor abrirmos, nos inteirarmos do assunto para podemos poupar um pouco Rita que já sofreu tanto! Agora que está em um período mais tranquilo, não gostaria de perturbá-la com nada.

— Filho — tornou Ricardo — por mais que amemos Rita, não podemos fazer isso. Fique aqui e cuide de tudo, pois eu e sua mãe vamos para casa. Não se esqueça de que hoje temos o Evangelho no Lar, portanto não se atrase, o esperaremos para fazermos todos juntos.

Assim, sem perda de tempo, Ricardo e Fátima saíram.

Ao chegarem, imediatamente foram ao encontro de Rita que terminava os últimos detalhes de um vestido de noiva apoiada por sua filha Sabrina.

Fátima com carinho relatou a visita inesperada e em seguida lhe entregou a carta. Rita, trêmula, segurou a correspondência temerosa.

Com calma e com uma mescla de medo e curiosidade, Rita lentamente abriu o envelope e ajustando os óculos, começou a ler em voz alta:

Senhora, perdoe-me por não entregar esta carta pessoalmente ou falar-lhe de outro modo menos impessoal. Infelizmente, meu estado de saúde atual me impede qualquer ação.

Rogo, também, que me perdoe mais uma vez, porque nesta carta manifesto uma súplica de compaixão e ajuda.

Acredite que como mãe queria muito iniciar minha história de uma maneira diferente, mas a realidade me impulsiona a escrever estas linhas tão complexas.

Tive uma filha chamada Clara que, com muita luta, criei sozinha, pois meu esposo morreu quando ela era muito pequenina. Tentei com todas as minhas forças educá-la dentro das regras que julguei serem importantes. Mesmo quando damos tudo aos nossos filhos, não podemos esperar que eles sigam o plano que nós, pais, traçamos para eles, pois antes de serem nossos filhos, são filhos de Deus e livres para escolher seus caminhos.

Entretanto, quando ela foi para a universidade, uniu-se a algumas amigas que frequentavam casas noturnas muito ricas e luxuosas. Não demorou a conhecer um homem maduro, chamado Alberto.

Com ele teve um romance de alguns meses. Infelizmente, um relacionamento sem importância e passageiro, trouxe o inesperado: uma gravidez.

Naquela oportunidade, ele insistiu que minha filha se submetesse a um aborto, mas como sou temente a Deus e muito religiosa, proibi terminantemente que ela cometesse esse ato impensado, o qual poderia se arrepender no futuro.

Então, me restou apoiá-la na difícil gravidez, pois durante essa fase, ela começou a adoecer.

Alberto desapareceu por um tempo, mas conseguimos encontrá-lo. Assim, por várias vezes, Clara e eu fomos à busca de Alberto tentar falar com ele, mas sempre muito constrangidas e humilhadas, ele sempre dizia que o filho não era dele.

A saúde de minha filha estava muito comprometida eu queria apenas que meu neto tivesse o nome do pai. Jamais pensei nos bens materiais, mas queria que a criança entrasse na escola e tivesse pelo menos o nome dele em seus documentos.

Quando meu neto nasceu, fui me aconselhar com uma médica amiga de minha filha. Ela disse para realizarmos um exame de análise de DNA. Devidamente orientada, em uma dessas tentativas de encontrá-lo, consegui, sem que ele soubesse, colher um material pertencente a ele que seria suficiente para o exame.

Clara e meu neto fizeram o exame e foi constatado que Alberto era o pai do menino.

Entretanto, antes mesmo de conseguir conversar com ele, sem explicação, Alberto desapareceu. Acreditei que conseguiríamos encontrá-lo para que meu netinho pudesse receber o nome do pai, mas tempo depois soubemos que ele morreu.

Nesse ínterim, não contava que a mesma doença a qual estou acometida, seria também para minha Clara uma verdade.

Quando meu neto nasceu, ainda no hospital, o médico que fez o parto me disse que minha filha estava com câncer e já em estado avançado.

Surpreendentemente, ela conseguiu levar a gestação até o final. São aquelas coisas de Deus que ninguém consegue explicar.

Entretanto, os dias para ela não foram bons. A doença se agravou e ela não conseguia mais cuidar de meu neto e logo o óbito nos foi uma realidade.

Sem minha filha, me dediquei ao pequenino, mas também adoeci. Ela herdou de mim o câncer e agora é minha vez de experimentar tão sofrida enfermidade.

Eis a razão para procurá-la.

Estou muito doente, já desenganada pelos médicos. Minha preocupação agora é com o meu netinho, o qual chamamos: João Pedro, sem o reconhecimento paterno e sem ninguém.

Depois dessa triste história, venho lhe suplicar misericórdia e como não tenho ninguém, rogo que cuide dele.

Minha filha não deveria jamais ter se relacionado com um homem casado, nesse caso, seu esposo, mas acredite, não foi essa educação que lhe dei, mas infelizmente ela pegou um atalho que a levou a uma situação muito particular de sofrimento.

Por Jesus, lhe imploro que perdoe minha Clara e vença as dores causadas por Alberto, um homem de complexo entendimento.

Apelo ao seu coração maternal que conhece o grito de outra mãe que cuide de João Pedro, porque Deus sabe de todas as nossas dores, mas reconhece em cada um de nós um caminho para o bem e para a luz.

Neste momento, estou no hospital e meu neto está temporariamente sob os cuidados de minha vizinha, Madalena, que não tem condições de assumir essa responsabilidade.

Por Jesus, imploro, ampare o pequenino, pois se for da vontade de Deus, de onde eu estiver, sempre rogarei ao Senhor que lhe ampare.

Aqui termino minha história e deixo o local onde poderá me encontrar...

Rita quase desfaleceu. Ricardo e Fátima emudeceram, sem saber o que fazer. Sabrina chorava copiosamente, sem esconder a surpresa mesclada de profundo pesar.

Nesse ínterim, como de hábito, Nestor foi à casa dos amigos para participar da reunião do Evangelho no Lar, quando se deparou com os amigos em total estado de estagnação.

Imediatamente, aproximou-se de Rita, que não conseguia pronunciar uma só palavra. Ricardo racionalmente relatou ao amigo as ocorrências.

Nestor leu a carta e, após um prolongado suspiro, serviu água às mulheres e disse:

— Estamos diante de uma situação que requer de cada um de nós muito cuidado nas decisões que cercam o assunto — lançando um olhar terno para Rita, prosseguiu: — Estaremos ao seu lado em qualquer decisão que tomar, apenas rogo que acima de qualquer sentimento, uma vida suscita cuidados.

Fátima acariciava as madeixas de Sabrina, quando Rita, secando as lágrimas voluntárias, interrompeu o silêncio e disse:

— Mais uma vez o Senhor me coloca diante de uma situação delicada e sei que não foi por acaso. Independente da infidelidade de Alberto, não posso ignorar a súplica dessa mulher. Irei a São Paulo entender tudo isso — suspirando, Rita continuou: — Deus há de me fortalecer e cumprirei resignada os desígnios do Senhor.

— Mãe — disse Sabrina — você tem certeza disso? Não sabemos se tudo isso é, de fato, realidade.

— Sim, filha, para eu ter certeza dessa história, terei que ir até lá para me certificar. Não podemos desprezar essa súplica. Não podemos pagar o mal com o mal. Esse menino, João Pedro, não tem nada a ver com as atitudes de Alberto.

— Confesso que é muito difícil compreender tudo isso — interveio Sabrina. — Mas meu coração foi tocado por essa história, que sequer sabemos se é verdadeira, mas irei com você para nos certificar da veracidade.

— Infelizmente — justificou Fátima — devido os negócios de Ricardo, não poderemos acompanhá-las, mas Adriano irá. Seja o que for, sempre terá nosso apoio.

Nesse momento, Adriano chegou e foi atualizado das ocorrências.

Assim, Rita, Sabrina e Adriano sem perda de tempo, se organizaram para viajar a São Paulo, visando chegar ao desconhecido destino traçado por Deus e entender a história que chegava às suas mãos.

CAPÍTULO 23

Vivendo um novo mundo para todos nós

Aos homens é impossível, mas não a Deus,
pois para Deus tudo é possível

Marcos, 10:27

Dias após aquele encontro, Rita, acompanhada da filha e do genro, chegou ao endereço descrito na carta. Adriano tomou a frente e tentando poupar as mulheres, bateu na porta de uma residência muito simples. Uma senhora chamada Madalena atendeu. Após se identificarem e as saudações, Madalena não escondeu a felicidade e imediatamente, convidou-os a entrar.

Ao adentrarem, perceberam a simplicidade do ambiente e acomodaram-se nos poucos assentos da sala de estar.

Ela ofereceu-lhes um refresco e após servi-los, foi logo dizendo:

— Deus ouviu minhas preces. Pedi para meu filho procurá-la, mas confesso que não acreditava que viria até aqui. A história de dona Elisa relatada naquela carta é verdadeira e eu a incentivei a escrever. Com muita dificuldade, consegui interná-la pois seu estado de saúde se agravou. Infelizmente, há dois dias, ela faleceu, pois os médicos não conseguiram fazer mais nada. Então, eu fiquei com seu netinho João Pedro, mas como podem perceber, não tenho condições para criar uma criança.

— Onde está o pequenino? — perguntou Adriano.

Pedindo licença, Madalena foi ao cômodo próximo e trouxe nos braços João Pedro, um menino saudável e sereno.

— Aqui está — disse Madalena, secando as lágrimas — não demorei em me apegar a ele, mas infelizmente minha situação impede de criá-lo. Quando vi que dona Elisa estava em fase terminal, fui buscar a senhora para me ajudar.

Rita não escondeu as lágrimas. Com um carinho evidente, aproximou-se e após estender os braços, não demorou para o bebê oferecer-lhe sorrisos fáceis e buscar o afetuoso colo que parecia tão conhecido.

Sabrina, emocionada, abraçou a mãe que segurava nos braços seu irmão. Após tão forte emoção, Rita interveio:

— Não se preocupe, o levaremos conosco e prometo que cuidarei dele com muito amor.

Sem perda de tempo, após permanecerem conversando alegremente, Madalena arrumou os poucos pertences da criança e assim, se despediram, sem saber mais se um dia voltariam a se encontrar, apenas naquele momento, restaria continuar.

Após tranquila viagem, chegaram a Leopoldo de Alcântara.

Fátima e Ricardo, ao verem o menino, imediatamente cederam aos encantos infantis e não omitiram a alegria.

Adequando-se à nova realidade, Rita, com imenso carinho, ajustou a casa simples para acomodar João Pedro.

Os dias seguiram serenos. Nestor e Rita firmaram grande amizade e dia a dia, em torno do bebê, um relacionamento forte e abençoado era descoberto de uma forma madura.

Naquela noite, Nestor foi visitar Rita, que seduzido pela criança, também não demorou a encantar-se com João Pedro.

Após o pequenino adormecer, Rita preparou o café para o amigo que depois de saboreá-lo, disse:

— Orgulho-me de você. Após tudo que vivenciou, depois daquela morte trágica de Alberto, aceitou, resignada cuidar desta criança.

— Ora, não poderia ser diferente. Deus sabe de todas as coisas e a mim coube apenas aceitar com amor. Não poderia deixar essa criança abandonada somente porque experimentei dias tão tristes ao lado de Alberto. Além do mais, esse menino nada tem a ver com a insensatez de Alberto — Rita alterando o rumo daquela conversação, ressaltou: — Meu amigo, você é para mim um abençoado anjo que o Senhor colocou em meu caminho. Com você por perto consegui lutar com dignidade, principalmente após ter conhecido o espiritismo. Atrás de seus olhos sei que também há uma história de vida e acredite, vejo que Deus repousou em suas mãos as bênçãos da coragem, do recomeço e da fé.

Nestor em silêncio ouviu aquelas palavras e buscando inspiração, rompeu as algemas da timidez e do próprio medo e disse:

— Você é uma mulher valorosa. Sim, tenho uma história pretérita, mas agradeço a Jesus a família que recebi. Consorciei-me com uma mulher muito especial, que me presenteou com dois filhos que hoje estão estabelecidos e seguem suas estradas com muito êxito. Tanto eu, quanto minha esposa, infelizmente, não contávamos que aquele câncer chegasse silencioso e rápido. Em menos de três meses ela sucumbiu, então a morte não lhe foi ausente.

Desde então, cinco anos seguiram. Dediquei--me cegamente ao trabalho. Meus filhos já casados tinham suas vidas e não queria me sentir um peso para eles. Por isso, decidi vir para cá. Surpreendi-me com os amigos que conquistei, Fátima e Ricardo e logo após você. O espiritismo tocou meu coração de maneira muito especial. Se não fosse ele, acredito que não teria superado tão grande perda.

— O importante é que você encontrou na fé forças para prosseguir — ajuntou Rita.

Nestor com os olhos brilhantes, não conteve o ímpeto e interrompeu Rita com o objetivo de não perder a coragem que tomava conta de seu ser:

— Após termos vividos todos aqueles momentos tão difíceis, Deus se compadeceu de nós e agora a paz está presente. Desde o dia que meus olhos pousaram sobre você, senti que meu coração não se comportava mais com a mesma razão que havia assumido ao longo dos meus dias.

Com respeito, lhe digo: amo você. Entretanto, acredite, perguntava incessantemente ao Senhor como um homem maduro poderia sentir tão nobre sentimento por alguém? Sentia que traía minha esposa. Jamais acreditei que conheceria alguém que entraria em meu coração depois da morte da mãe de meus filhos. Acredite, um milagre pode sim acontecer duas vezes. Minha esposa foi quem me fez descobrir o homem que sou e você é quem fortalece minha fé dia a dia.

Rita enrubesceu. Nestor mantinha um tom de voz baixo, visando não incomodar o pequenino que dormia sereno. Molhando os lábios, após um prolongado suspiro, prosseguiu:

— Os dias seguiram, nos aproximamos, vivemos fatos que jamais nos olvidaremos. E agora meu coração repousa em suas mãos. Com o respeito devido, quero apenas desfrutar meus dias ao seu lado e construir a nossa história.

— Por Deus! — exclamou Rita. — Depois que nos conhecemos, confesso, em nenhum instante você esteve ausente de meus pensamentos. Devido aos fatos de minha vida, rogava ao Senhor que retirasse de dentro de mim esse sentimento. Como eu poderia sentir um amor por um homem, se tudo que tive em minha vida foram desrespeito e violência? Entretanto, você demonstrava que o amor pode ser baseado em respeito e serenidade. Quando estive naquele hospital sob seus cuidados, senti que o Senhor havia me abençoado. Você me ensinou o que é ter paz, pois jamais experimentei tão grandioso sentimento.

— Acredite — confessou Nestor — você também estabeleceu em meu coração uma paz indescritível, que não posso omitir. Você me devolveu a esperança e fortificou minha fé.

— Confidenciei-me com Fátima — interveio Rita — e ela me dizia que Jesus sempre intercede a favor daqueles que lutam sem desistir e sempre presenteia seus soldados com um toque de amor e paz. Dizia que Sabrina já estava casada e havia chegado o momento de permitir-me ser feliz. Foi difícil para mim aceitar que eu poderia amar e receber o amor que me foi tão privado. Eu mesma permiti tal violência e também por fatos que desconhecemos em nossas histórias.

Estou longe de ser uma jovenzinha apaixonada, assim como você. Somos pessoas maduras em busca da felicidade. Suas palavras são para mim o presente mais precioso que recebi desde o nascimento de minha filha — Rita buscando forças no invisível, fez uma pausa e disse: — amo você e rogo a Jesus que derrame sobre nós as bênçãos em nossas escolhas.

Nestor, com respeito, segurou as mãos de Rita e após beijá-las, abraçou-a afetuosamente, selando, naquele momento o início de uma história de amor abençoada por Jesus.

Uma semana seguiu rápido.

Rita e Nestor comunicaram a Fátima e Ricardo o relacionamento, assim como para Sabrina, que estava feliz por ver sua mãe pela primeira vez em paz.

O pequenino encheu o coração desses personagens com surpreendente alegria. Dia a dia cativava a todos com seus gracejos infantis e inocentes.

Naquela noite, após o jantar, enquanto João Pedro brincava no berço, Rita o admirando, não omitia o semblante preocupado.

Nestor aproximou-se e em uma demonstração carinhosa, repousou o braço sobre seu ombro, aconchegando-a com expressivo amor.

— Percebo que algo lhe aflige. Divida comigo suas preocupações.

— Meu coração está angustiado — disse Rita, com visível preocupação. — Como será o futuro dessa criança, sem um nome paterno?

Nestor não escondeu a surpresa e interveio:

— Alberto não registrou João Pedro?

— Infelizmente, não. Quero legalizar a adoção. Se ele está aqui, farei o melhor como fiz para minha filha. Ele é meu filho que nasceu pelo meu coração. Farei tudo para que receba educação e muito carinho, mesmo assim, no momento oportuno, ele saberá que o adotei pelos caminhos do mais sagrado amor.

Nestor em silêncio ouvia aquelas palavras com respeito. Introspectivo, abraçou Rita e disse:

— Amo você e acredito que podemos estabelecer um relacionamento sólido devido nossas experiências e nossa fé, mas, sobretudo, porque nos amamos. Então, case-se comigo, assim, podemos legalizar a situação de João Pedro que, também é uma preocupação para mim. Teremos condições de vivermos juntos e criar essa criança sob a luz do Senhor.

— Por Deus, há pouco tempo vivi um grande martírio em minha vida, agora, estou diante de você, que Deus enviou ao meu coração para abrandar minha existência. Agradeço a Jesus os dias passados que me fizeram forte, mas agora o Senhor me presenteou com você. Receber esse pedido de casamento enche o meu coração de esperança.

Dessa forma, aqueles corações unidos pelo sagrado amor, permaneceram ali, traçando planos para o amanhã e definindo os detalhes do casamento.

Os dias seguiam serenos para os personagens dessa história.

Naquela noite, como de hábito, Rita preparava sua casa para receber os amigos para realizarem em conjunto o Evangelho no Lar.

Acomodados na sala de estar, aqueles corações estavam envolvidos por uma atmosfera serena e abençoada. Nestor com carinho conduzia a reunião.

Após a prece realizada por Rita, uma página de *O Evangelho Segundo o Espiritismo* foi lida por Ricardo e na sequência, Nestor leu a mensagem acolhedora:

> Na perda de um filho ou de alguém amado.
>
> No não reconhecimento do esforço profissional.
>
> No teto humilde.
>
> Na privação do prato.
>
> No aborrecimento entre falatórios e maledicências.

Na lastimável doença física.
Na solidão do coração.
Nos golpes da crítica desencorajadora.
Nos espinhos do abandono.
No desânimo pessimista.
Na miséria que dilacera o corpo.
No desequilíbrio das emoções.

É imprescindível nunca deixar de sonhar. Não basta criar fantasias que se percam na mente ou não saiam do papel, como as obras projetadas e não colocadas em prática.

Construa, sem desânimo, um caminho de esperança e entendimento, afirmando a si próprio que Deus não criou espíritos inúteis ou incapazes de recomeçar.

Deseje e rogue sem esmorecimentos no comovente gesto de satisfazer a vontade de Deus, com trabalho proveitoso e esperançoso. Os erros ou acertos da vida são o agora e o agora é a oportunidade para termos esperança e recomeçar.[26]

Após os diversos comentários buscando o entendimento, Sabrina, que se manteve em silêncio, esperou o momento oportuno e disse:

— Eu e Adriano estamos muito felizes e esperamos esse momento para compartilhar com vocês essa alegria.

A curiosidade não era ausente. Rita com carinho acariciou os cabelos da filha e quis saber:

— Então, não nos deixe mais em tamanha ansiedade, diga-nos: do que se trata?

---

26 - Nota da médium: "A página "Esperança e Recomeçar" aqui citada, foi publicada no livro *Cânticos de Luz* — espírito Ferdinando, Marcos e Raquel — psicografado por Gilvanize Balbino."

— Estou esperando um filho.

As lágrimas de felicidade marcavam as faces desses personagens. Fátima aproximando-se do filho, deu-lhe um abraço afetuoso e o gesto foi repetido por todos.

Fátima, refazendo-se, interveio:

— Agradeço ao Senhor todos os dias de minha vida: meu esposo que é para mim a razão de minha vida; meu filho que ontem estava perdido, mas hoje será pai e responsável por esta vida e outras que poderão vir; minha mais que amiga, uma irmã, Rita, que ao lado de Nestor iniciam uma história abençoada e agora João Pedro, que chegou a nós pelas linhas incertas e agora tomou nossos corações com amor. Então o que reclamar ou olhar para o passado? Devemos prosseguir confiantes e guardar todas nossas angústias para dar lugar a um novo começo, sem esquecer jamais de agradecer.

Enquanto isso, no invisível, Saul e seus amigos chegavam ao final de mais uma missão. Havia chegado o momento de se despedirem e entregarem a continuidade daquela assistência de luz à nova equipe que assumiria com amor o amparo daqueles corações.

Entre grandes demonstrações de reconhecimento e carinho, os novos guardiões da luz abraçavam Saul com muito respeito e amor, assim como, ouviam as recomendações daquele experiente trabalhador do bem.

Nesse ínterim, Ambrosio, com carinho, aproximou-se de João Pedro e fez-se visível. A criança ao vê-lo, estendeu os braços com grande sorriso enfeitando seu rosto.

Sem que ninguém percebesse que o pequenino conseguia ver aquele radiante coração, pensavam que era apenas um gracejo como tantos outros.

Ferdinando com respeito e irradiando amor, junto a Débora e Saul, assemelhavam-se a anjos benditos e unidos e, ao propósito maior de Deus, orou:

— "Senhor Jesus

Diante dos obstáculos da vida, ainda nos encontramos ensurdecidos, mudos e cegos.

Caminhamos desfalecidos com o peito massacrado pelo egoísmo, nutridos pela nossa ignorância.

Contamos os dias passados e esquecemo-nos de viver o presente, construindo hoje o melhor para o nosso futuro.

Com o olhar voltado para nós mesmos, ignoramos o sol que desperta todas as manhãs com serenidade, apesar de trazer consigo o vulcão vivo de sua natureza.

Duvidamos do Seu auxílio, mas o Senhor sempre permanece ao nosso lado com bondade, transformando nossas ilusões em trabalhos consistentes e seguros.

Diante de sua compaixão, alcançamos a vitória e diante de sua misericórdia, tocamos os céus sem nos esquecermos das responsabilidades que coroam nossas existências nas estradas do mundo, mesmo que elas pareçam árduas e difíceis.

Levaremos conosco a certeza de que a glória de sua sabedoria delineará as estradas de nossas vidas e que os ventos dos desalentos, desânimos ou tormentos não poderão destruir nossa fé, nosso trabalho e nossas esperanças."

Enquanto aqueles corações seguiriam dividindo esperanças e detalhando os sonhos e realizações para o futuro, assim vamos chegando ao final deste conjunto de experiências apresentados nessa história real, por esses especiais e marcantes personagens.

Para você, amigo leitor, deixamos as páginas em branco que seguem para que possa parar um momento, refletir e reconstruir seu mundo interior e exterior; desenhando com as tintas do amor um novo horizonte para sua vida.

Nesse convite, aproveite esses instantes de reflexão para rever condutas, pensar no perdão e convidar novos personagens para fazer parte de sua existência.

Entretanto, é importante lembrar que o filho de Deus que caminha ao seu redor é também um mundo particular, cheio de alegrias, tristezas, conquistas ou derrotas, mas é possível reescrever ou criar um mundo novo que respeite a individualidade e o momento de cada ser e assim viver em harmonia e paz em Um mundo para todos nós"[27].

Fim

---

27 - Nota do Autor Espiritual Saul: As histórias marcantes de muitos personagens deste romance, foram narradas com excelência pelas mãos de meus amigos Ferdinando e Bernard no livro: *O símbolo da vida.*

Minhas Reflexões

Galeria dos personagens[28]

Nome	Descrição
Abdias	Líder das trevas de uma cidade espiritual. Em *O símbolo da vida*, viveu na roupagem do personagem Abdias. Denunciou o apóstolo Marcos aos guardas que o perseguiam.
Adelinda	Guardiã das trevas, apaixonada por Alberto — na vida passada foi Adelinda.
Adriano	Filho de Fátima e Ricardo.

28 - A maioria dos personagens desta história viveu na época em que se passaram os episódios narrados em *O símbolo da vida,* pelos espíritos Ferdinando e Bernard, psicografado por Gilvanize Balbino. Publicado pela Editora Vida & Consciência, em 2015.

Nome	Descrição
Alex	Amigo de Adriano. Em *O símbolo da vida*, foi filho de Demétrio e Adelinda.
Alberto	Pai de Sabrina e esposo de Rita. Foi a grande paixão de Adelinda. Na vida passada, foi Demétrio.
Almério	Benfeitor e médico espiritual, membro da equipe socorrista na Cidade de Jade, liderada por Saul.
Ambrosio	Benfeitor espiritual. Em *O símbolo da vida*, Ambrosio foi um comerciante, convertido à fé cristã, esposo de Otila, pai de Tamara, irmão de Tercio e amigo de Marcos (o apóstolo evangelista).
Antônio	Aprendiz na Cidade de Jade, que apoia o lar de Fátima e Ricardo, designado para proteger aquela residência e acompanhá-los no Evangelho no Lar.
Bastos	Guarda que ajuda Adriano no acidente.
Clara	Jovem que estabeleceu um romance com Alberto e engravidou de um filho dele.
Cláudio	Médico, amigo e sócio de Alberto na clínica, local onde realizava abortos.
Débora	Benfeitora espiritual. No livro *O símbolo da vida*, Débora foi esposa de Daniel e mãe de Nina.
Dona Amélia	Mãe de Rita. Estava enferma, sofrendo com a doença de Alzheimer.
Dona Elisa	Mãe de Clara.
Dona Luísa	Cuidadora de dona Amélia. Espírita amiga de Nestor e Fátima.
Elen	Amiga de Rita e Fátima. Membro da igreja católica local.

Nome	Descrição
Fátima	Esposa de Ricardo, mãe de Adriano e amiga de infância de Rita e madrinha de Sabrina.
Felipe	Benfeitor e médico espiritual, membro da equipe socorrista da Cidade de Jade, liderada por Saul.
Ferdinando	Benfeitor espiritual e ministro da Cidade de Jade, responsável pelos trabalhos que envolvem este livro.
Irene	Médium que auxilia a equipe de Saul. A história dessa personagem foi relatada nos livros: *Um amanhecer para recomeçar* e *Os anjos de Jade*, ambos do espírito Saul, psicografados por Gilvanize Balbino.
João Pedro	Filho de Clara e Alberto.
Madalena	Vizinha de dona Elisa.
Nestor	Médico viúvo e espírita que saiu de São Paulo para morar em Leopoldo de Alcântara. No passado, foi Hermes.
Olavo	Advogado de Rita.
Osvaldo	Pároco da cidade de Leopoldo de Alcântara.
Paulo	Amigo de Alex que morreu no acidente de carro.
Ricardo	Esposo de Fátima e pai de Adriano.
Rita	Esposa de Alberto, mãe de Sabrina e filha de dona Amélia. Em *O símbolo da vida*, foi Zafira, mãe biológica de Adelinda.
Roberta	Jovem que estabeleceu um romance com Alberto e engravidou de um filho dele.
Sabrina	Filha de Rita e Alberto, esposa de Adriano.
Saul	Benfeitor espiritual, médico e líder das equipes socorristas da Cidade de Jade.

Nome	Descrição
Tercio	Filho de Alberto e Clara. No passado, Tercio fora comerciante, convertido à fé cristã, irmão de Ambrosio, cunhado de Otila e amigo de Marcos (o apóstolo evangelista).

A Cidade de Jade[29]

Entre inúmeras outras colônias espirituais, uma em especial chamava a atenção: era a Cidade de Jade, criada por volta do ano 220 a.C. com o objetivo de acolher aqueles que haviam sido seguidores de Jesus Cristo e que foram eleitos para preparar sua vinda à Terra e, mais tarde, para aqueles que foram sentenciados aos suplícios das perseguições religiosas.

Esta cidade foi projetada, a princípio, como uma estação transitória que permitia que os emissários de mundos superiores que reencarnariam com o propósito

---

29 - Nota da médium: "os detalhes da Cidade de Jade foram relatados nos livros *Os anjos de Jade e Um amanhecer para recomeçar* — espírito Saul — psicografados por Gilvanize Balbino, assim como *Só para você... construir um novo caminho.*

de preparar a vinda de Jesus, ali se climatizassem com a atmosfera da Terra.

Em torno de 170 d.C., deixou de ser apenas uma estação e se estabeleceu como uma cidade, pois com o avanço do cristianismo muitos emissários de Jesus necessitavam retornar à Terra, então Jade foi importante para esse preparo e para que pudesse fornecer auxílio necessário a todos os envolvidos nesta grandiosa obra a qual o Cristo era responsável.

Foi reconhecida pelo seu incansável trabalho no período das perseguições aos cristãos, por volta do ano 300 d.C., onde homens e mulheres, por ordens de Jesus, recebiam acolhida naquele pedaço do coração de Deus e depois eram transferidos para outras cidades muito mais evoluídas e desprendidas da Terra.

Em 1180 d.C., quando o planeta iniciava as primeiras empreitadas para a organização da Santa Inquisição, ela foi de grande importância no acolhimento de muitos inocentes que sentiram o peso das sentenças inquisitórias. Também foi nessa colônia que muitos enviados de Jesus prepararam suas reencarnações para conter o impiedoso mundo que se estabelecia na Terra, ordenado pelas tribunas católicas.

Está localizada no mesmo sistema solar constituído pelo sol e seu conjunto de corpos celestes o qual a Terra faz parte. A Cidade de Jade está situada sobre a Europa, entre o leste da Espanha e o sul da França, entre o oeste da Itália e o norte do continente africano. No mundo espiritual está posicionada próxima de um campo de saída[30] da crosta do umbral para

---

30 - Nota do Autor Espiritual (Saul): uma espécie de ponto de 'intersecção' entre duas esferas do mundo espiritual.
Nota da médium: "...são pontos nos quais duas esferas próximas se tocam.' Extraído do livro *Cidade no Além* — Francisco Cândido Xavier e Heigorina Cunha (autores) — André Luiz e Lucius (espíritos) — Editora IDE, São Paulo, 33ª Edição, junho/2007."

uma camada mais sutil, destinada as artes, culturas e ciência.

Jade está estruturada para receber e até propiciar as reencarnações necessárias. Seus núcleos que são edifícios construídos por um material análogo as pedras da Terra entre outras: o mármore, turquesa, ágata azul, ametista, no colorido das turmalinas.

Nesses núcleos dividem-se as funções, entre outras, administrativas, artes, laboratórios, ciência, filosofia, música, reencarnação, instrução, atendimento aos recém-chegados por meio de auxílio hospitalar e oração.

De todos os locais especiais de Jade, dois chamam mais atenção: o jardim e sua praça central onde, uma vez ao dia, todos se reúnem para orar pelos povos filhos de Deus.

Tudo sobre o passe

Dicas para recebê-lo e beneficiar-se com as vibrações da espiritualidade superior[31]

E rogava-lhe muito, dizendo:
Minha filha está moribunda; rogo-te que
venhas e lhe imponhas as mãos
para que sare, e viva.

Marcos, 5:23

Você sabe o que é o passe?

Foi Jesus quem nos ensinou a impor as mãos sobre os enfermos e necessitados e a orar por eles, para serem beneficiados.

31 - Os textos dos itens 1 a 7 foram adaptados do livro *Fluidos e Passes*, Coleção Estudos e Cursos, Editora Allan Kardec.

Entre nós, seguidores de Allan Kardec, a imposição de mãos sobre uma pessoa com a intenção de aliviar sofrimentos, curá-la de algum mal, ou simplesmente fortalecê-la ficou conhecida como passe.

O passe é uma troca de energias físicas e espirituais e é um dos métodos utilizados nos centros espíritas para alívio ou cura dos sofrimentos das pessoas. Quando ministrado com fé, o passe é capaz de produzir verdadeiros prodígios. Tem como objetivo o reequilíbrio do corpo físico e espiritual.

Prepare-se para receber o passe

A pontualidade é fator importante, busque sempre chegar antecipadamente à instituição para não chegar ao local ansioso e em maior desequilíbrio.

Quando você for a uma instituição espírita receber o passe, coloque-se bem à vontade.

Mantenha-se sereno e pense em Jesus, pois quando o coração está conturbado dificulta a ação do passe.

Não cruze braços nem pernas. Apoie as mãos nos joelhos. Assim, o corpo fica bem acomodado e a circulação sanguínea é livre e perfeita.

Respire profunda e calmamente, assim suavizará as tensões musculares.

Nota: as palestras que antecedem o passe são preciosos momentos de instrução e representam cinquenta por cento da assistência espiritual. Portanto, busque sempre prestar atenção o máximo possível.

A fé é necessária

Para atrair e reter as forças espirituais que vão ser derramadas sobre nós, cada um precisa estar interessado e confiante.

Quem não se colocar nesse estado de ânimo favorável, dificilmente conseguirá a bênção que procura, porque a incredulidade é uma barreira à atuação dos espíritos a nosso favor.

Jesus sempre dizia, quando alguém, por meio dele, conseguia uma bênção: "Vai, a tua fé te salvou".

E, de fato, a misericórdia divina está sempre pronta a nos ajudar, dependendo da nossa fé.

Portanto, ore com fervor, silenciosamente, enquanto estiver recebendo o passe.

O merecimento

O resultado dependerá não só da fé, mas, também, do merecimento ou da necessidade de cada um.

Atitude para com o passista

Não converse com o passista durante o passe. O silêncio é importante para a concentração.

Todos os passistas estão bem assistidos espiritualmente. Por isso, tanto faz tomar passe com este ou aquele.

Procure manter o pensamento em oração, pois a ajuda em seu favor virá sempre das mãos do Senhor.

O que você pode sentir durante o passe

Durante o passe, geralmente você sentirá bem-estar, alívio e sensação de vigor.

Qualquer desconforto é passageiro.

Também não é hora de você se mediunizar, não é o momento para comunicações. Se você é médium, procure controlar sua mediunidade.

Ao final do passe

Agradeça a Deus pelos benefícios recebidos.

O passe é uma doação de energias. Alguém teve de ceder alguma coisa de si mesmo para que você recebesse. Esse recurso divino não pode ser usado sem responsabilidade.

A assistência espiritual não dispensa, em hipótese alguma, o tratamento médico, portanto, não suspenda a medicação sem autorização do seu médico.

O medicamento indicado pela medicina não interfere na assistência espiritual.

O passe[32]

Ele tomou sobre si as nossas enfermidades e levou as nossas doenças

Mateus, 8:17

"Meu amigo, o passe é transfusão de energias fisiopsíquicas, operação de boa vontade, dentro da qual o companheiro do bem cede de si mesmo em teu benefício.

Se a moléstia, a tristeza e a amargura são remanescentes de nossas imperfeições, enganos e excessos, importa considerar que, no serviço do passe, as

32 - Página recebida pelo médium Francisco Cândido Xavier e ditada pelo Espírito Emmanuel.

tuas melhoras resultam da troca de elementos vivos e atuantes.

Trazes detritos e aflições e alguém te confere recursos novos e bálsamos reconfortantes.

No clima da prova e do amor, um amigo se converte no instrumento da Infinita Bondade, para que recebas remédio e assistência.

Ajuda o trabalho de socorro a ti mesmo com o esforço da limpeza interna.

Esquece os males que te apoquentam, desculpa as ofensas de criaturas que te não compreendem, foge ao desânimo destrutivo e enche-te de simpatia e entendimento para com todos que te cercam.

O mal é sempre a ignorância e a ignorância reclama perdão e auxílio para que se desfaça em favor da nossa própria tranquilidade.

Se pretendes, pois, guardar as vantagens do passe que, em substância é ato sublime de fraternidade cristã, purifica o sentimento e o raciocínio, o coração e o cérebro.

Ninguém deita alimento indispensável em vaso impuro.

Não abuses, sobretudo, daqueles que te auxiliam.

Não tomes o lugar do verdadeiro necessitado, tão só porque os teus caprichos e melindres pessoais estejam feridos.

O passe exprime também o gasto de forças e não deves provocar o dispêndio de energias do Alto, com infantilidades e ninharias.

Se necessitas de semelhante intervenção, recolhe-te à boa vontade, centraliza a tua expectativa nas fontes celestes do suprimento divino, humilha-te, conservando a receptividade edificante, inflama o teu coração na confiança positiva e, recordando que alguém vai arcar com o peso de tuas aflições, retifica o teu caminho, considerando igualmente o sacrifício incessante de Jesus por nós todos, porque, de conformidade com as letras sagradas, Ele tomou sobre si nossas enfermidades e levou as nossas doenças."

Índice bíblico[33]

Novo encontro — KARDEC, Allan. *O Livro dos Espíritos*. Federação Espírita Brasileira (FEB). Rio de Janeiro: 1995 — questão 200

1 — Marcos, 2:16-17

2 — Marcos, 2:5, KARDEC, Allan. *O Livro dos Espíritos*. Federação Espírita Brasileira (FEB). Rio de Janeiro: 1995 — questão 1

3 — Marcos, 12:36, Marcos, 12:32-33 e KARDEC, Allan. *O Evangelho Segundo o Espiritismo*. Federação Espírita Brasileira (FEB). Rio de Janeiro: 1996 — Capítulo XIV — itens 8 e 9

---

33 - Nota de esclarecimento da médium: todos os textos bíblicos foram extraídos de *A Bíblia de Jerusalém*, nova edição revista e ampliada. Paulus, São Paulo, 2002.

4 — Marcos, 13:19

5 — Marcos, 3:12, Marcos: 12:31, 1 Coríntios: 10 a 23 e João VIII: 3 a 11

6 — Marcos, 4:21

7 — Marcos, 4:31-32

8 — Marcos, 2:14

9 — Marcos, 4:9

10 — Marcos, 4:29

11 — Marcos, 4:10-11, 1 Coríntios 6:12, Marcos, 12:30-31 e Lucas, 12:15

12 — Marcos, 4:40

13 — Marcos, 2:9

14 — Marcos, 3:27

15 — Marcos, 2:21 e Mateus, 5:5, 6 e 10

16 — Marcos, 9:23-24

17 — Marcos, 2:22 e KARDEC, Allan. *O Evangelho Segundo o Espiritismo*. Federação Espírita Brasileira (FEB). Rio de Janeiro: 1996 — Capítulo XXII — Não Separareis o que Deus Juntou — Item 5

18 — Marcos, 4:24-25

19 — Marcos, 4:20

20 — Marcos, 13:37

21 — Marcos, 14:21

22 — Marcos, 9:39-40

23 — Marcos, 10:27

Tudo sobre o Passe — Marcos, 5:23

O passe - Mateus 8:17

A doença de Alzheimer[34]

A doença de Alzheimer é uma enfermidade incurável que se agrava ao longo do tempo, mas pode e deve ser tratada. Quase todas as suas vítimas são pessoas idosas. Talvez, por isso, a doença tenha ficado erroneamente conhecida como "esclerose" ou "caduquice".

A doença se apresenta como demência ou perda de funções cognitivas (memória, orientação, atenção e linguagem), causada pela morte de células cerebrais. Quando diagnosticada no início, é possível retardar o seu avanço e ter mais controle sobre os sintomas, garantindo melhor qualidade de vida ao paciente e à família.

---

34 - Fonte: www.abraz.org.br; último acesso em 16/9/16.

Seu nome oficial refere-se ao médico Alois Alzheimer, o primeiro a descrever a doença, em 1906. Ele estudou e publicou o caso da sua paciente Auguste Deter, uma mulher saudável que, aos 51 anos, desenvolveu um quadro de perda progressiva de memória, desorientação, distúrbio de linguagem (com dificuldade para compreender e se expressar), tornando-se incapaz de cuidar de si. Após o falecimento de Auguste, aos 55 anos, o doutor Alzheimer examinou seu cérebro e descreveu as alterações que hoje são conhecidas como características da doença.

Não se sabe por que a doença de Alzheimer ocorre, mas são conhecidas algumas lesões cerebrais características dessa doença. As duas principais alterações que se apresentam são as placas senis decorrentes do depósito de proteína beta-amiloide, anormalmente produzida, e os emaranhados neurofibrilares, frutos da hiperfosforilação da proteína tau. Outra alteração observada é a redução do número das células nervosas (neurônios) e das ligações entre elas (sinapses), com redução progressiva do volume cerebral.

Estudos recentes demonstram que essas alterações cerebrais já estariam instaladas antes do aparecimento de sintomas demenciais. Por isso, quando aparecem as manifestações clínicas que permitem o estabelecimento do diagnóstico, diz-se que teve início a fase demencial da doença.

As perdas neuronais não acontecem de maneira homogênea. As áreas comumente mais atingidas são as de células nervosas (neurônios), responsáveis pela memória e pelas funções executivas que envolvem planejamento e execução de funções complexas. Outras áreas tendem a ser atingidas, posteriormente, ampliando as perdas.

Estima-se que existam no mundo cerca de 35,6 milhões de pessoas com Alzheimer. No Brasil, há cerca de 1,2 milhão de casos, a maior parte deles ainda sem diagnóstico.

Demência

A demência é uma doença mental caracterizada por prejuízo cognitivo que pode incluir alterações de memória, desorientação em relação ao tempo e ao espaço, raciocínio, concentração, aprendizado, realização de tarefas complexas, julgamento, linguagem e habilidades visuais-espaciais. Essas alterações podem ser acompanhadas por mudanças no comportamento ou na personalidade (sintomas neuropsiquiátricos).

Os prejuízos, necessariamente, interferem com a habilidade no trabalho ou nas atividades usuais, representam declínio em relação a níveis prévios de funcionamento e desempenho e não são explicáveis por outras doenças físicas ou psiquiátricas. Muitas doenças podem causar um quadro de demência. Entre as várias causas conhecidas, o Alzheimer é a mais frequente.

Quais são os sinais da doença de Alzheimer?

O paciente com Alzheimer pode apresentar:

- Perda de memória recente com repetição das mesmas perguntas ou dos mesmos assuntos.
- Esquecimento de eventos, de compromissos ou do lugar onde guardou seus pertences.

- Dificuldade para perceber uma situação de risco; para cuidar do próprio dinheiro e de seus bens pessoais; para tomar decisões e para planejar atividades mais complexas.
- Dificuldade para se orientar no tempo e no espaço.
- Incapacidade em reconhecer faces ou objetos comuns, podendo não conseguir reconhecer pessoas conhecidas.
- Dificuldade para manusear utensílios; para vestir-se; e em atividades que envolvam autocuidado.
- Dificuldade para encontrar e/ou compreender palavras, cometendo erros ao falar e ao escrever.
- Alterações no comportamento ou na personalidade: pode se tornar agitado, apático, desinteressado, isolado, desinibido, inadequado e até agressivo.
- Interpretações delirantes da realidade, sendo comuns quadros paranoicos ao achar que está sendo roubado, perseguido ou enganado por alguém; esquecer o que aconteceu ou o que ficou combinado pode contribuir para esse quadro.
- Alucinações visuais (ver o que não existe) ou auditivas (ouvir vozes) podem ocorrer, sendo mais frequentes da metade para o final do dia.
- Alteração do apetite com tendência a comer exageradamente, ou, ao contrário, pode ocorrer diminuição da fome.
- Agitação noturna ou insônia com troca do dia pela noite.

Os sintomas não são os mesmos para todos os pacientes com demência, mesmo quando a causa de demência é a mesma. Nem todos os sintomas aparecerão em todos os pacientes. Como uma doença de curso progressivo, o quadro clínico do paciente com demência sofre modificações. Com a evolução da doença há o aparecimento de novos sintomas ou o agravamento dos sintomas existentes.

Outras demências

Além da doença de Alzheimer, existem muitos outros tipos de demência.

Demência vascular

Pode ser considerada a segunda maior causa de demência. A demência vascular é causada por lesões cerebrais de origem vascular e as manifestações clínicas dependem da localização e do número de lesões cerebrais. As lesões vasculares cerebrais podem ocorrer como infartos silenciosos, que não resultam em ataque reconhecido clinicamente, e como acidentes vasculares encefálicos, conhecidos popularmente como derrame.

Os fatores de risco são: hipertensão arterial, diabetes *mellitus*, hipercolesterolemia, doença cardiovascular, fibrilação atrial, tabagismo, trombose, abuso de álcool e fatores genéticos.

Demência com corpos de Lewy

Causada pela presença de alterações cerebrais chamadas de corpos de Lewy. Os critérios para o diagnóstico clínico da doença incluem demência com sintomas da Doença de Parkinson (rigidez da musculatura, movimentos mais lentos; tremores são mais raros);

alucinações visuais (ver coisas que não existem, geralmente pessoas, animais, objetos e crianças) e oscilação dos sintomas ao longo do dia. Os sintomas parkinsonianos e alucinações ocorrem no estágio inicial, quando alterações importantes na memória podem não ocorrer.

Outras características da doença incluem quedas repetidas, desmaios, delírios (acreditar em coisas que não existem), outras formas de alucinações (auditivas, ouvir coisas que não existem) e sensibilidade importante, com reações adversas intensas, ao uso de medicações para delírio e alucinações (antipsicóticos).

Demência na doença de Parkinson

Cerca de 40% dos pacientes com doença de Parkinson podem evoluir para quadros demenciais. Também é causada pela presença de corpos de Lewy, mas estão presentes em locais diferentes do cérebro. Para esse diagnóstico, é necessário que o quadro demencial ocorra após um ano do início do quadro da doença de Parkinson. Se a demência ocorrer em menos de um ano após o início dos sinais de Parkinson, a hipótese clínica principal passa a ser de demência por corpos de Lewy. A atenção é uma das funções mais prejudicadas. A memória também pode estar afetada, mas em um grau menos intenso do que é observado na doença de Alzheimer.

Outra capacidade muito comprometida é a de planejar, organizar e regular um comportamento motor (função executiva). Também são comuns os quadros de depressão e de alucinações visuais (ver animais, pessoas).

Demência frontotemporal

Quadro caracterizado por deterioração na personalidade e na cognição. A alteração típica no exame de neuroimagem é a redução da região frontal e temporal do cérebro. As mudanças no comportamento são mais importantes que os problemas na memória e orientação.

As mudanças podem incluir: desinibição, impulsividade, inquietude, perda do julgamento, oscilação emocional, apatia, desinteresse, perda de motivação, isolamento, sentimentalismo excessivo, hipocondria, comportamento exaltado, choro fácil, risos inadequados, irritabilidade, comentários sexuais inadequados, atos indecentes, comportamento muito inadequado como urinar em público, alterações importantes do hábito alimentar (por exemplo, preferência por doces), negligência da higiene pessoal.

As alterações cognitivas são menos evidentes que na doença de Alzheimer e ocorrem após dois anos, aproximadamente, do início das alterações de comportamento. Ansiedade e depressão são comuns. O paciente pode apresentar atos violentos, comportamentos ruins que não apresentava antes da doença.

Fatores de risco

A idade é o principal fator de risco para o desenvolvimento de demência da doença de Alzheimer (DA). Após os 65 anos, o risco de desenvolver a doença dobra a cada cinco anos.

As mulheres parecem ter risco maior para o desenvolvimento da doença, mas talvez isso aconteça pelo fato de elas viverem mais do que os homens.

Os familiares de pacientes com DA têm risco maior de desenvolver essa doença no futuro, comparados com indivíduos sem parentes com Alzheimer. No entanto, isso não quer dizer que a doença seja hereditária.

Embora a doença não seja considerada hereditária, há casos, principalmente quando a doença tem início antes dos 65 anos, em que a herança genética é importante. Esses casos correspondem a 10% dos pacientes com doença de Alzheimer.

Pessoas com histórico de complexa atividade intelectual e alta escolaridade tendem a desenvolver os sintomas da doença em um estágio mais avançado da atrofia cerebral, pois é necessária uma maior perda de neurônios para que os sintomas de demência comecem a aparecer. Por isso, uma maneira de retardar o processo da doença é a estimulação cognitiva constante e diversificada ao longo da vida.

Outros fatores importantes referem-se ao estilo de vida. São considerados fatores de risco: hipertensão, diabetes, obesidade, tabagismo e sedentarismo. Esses fatores relacionados aos hábitos são considerados modificáveis. Alguns estudos apontam que se eles forem controlados podem retardar o aparecimento da doença. [35]

---

35 - Caso queira se aprofundar no entendimento da doença, não deixe de ler o texto escrito por Katia Mello e Martha Mendonça para a revista Época http://revistaepoca.globo.com/Revista/Epoca/0,,EDR79465-8055,00.html; último acesso em 16/9/16.

Grandes sucessos de Zibia Gasparetto

Com 17 milhões de títulos vendidos, a autora tem contribuído para o fortalecimento da literatura espiritualista no mercado editorial e para a popularização da espiritualidade. Conheça os sucessos da escritora.

Romances

pelo espírito Lucius

A verdade de cada um
A vida sabe o que faz
Ela confiou na vida
Entre o amor e a guerra
Esmeralda
Espinhos do tempo
Laços eternos
Nada é por acaso
Ninguém é de ninguém
O advogado de Deus
O amanhã a Deus pertence
O amor venceu
O encontro inesperado
O fio do destino
O poder da escolha
O matuto
O morro das ilusões
Onde está Teresa?
Pelas portas do coração
Quando a vida escolhe
Quando chega a hora
Quando é preciso voltar
Se abrindo pra vida
Sem medo de viver
Só o amor consegue
Somos todos inocentes
Tudo tem seu preço
Tudo valeu a pena
Um amor de verdade
Vencendo o passado

GILVANIZE BALBINO
Romance dos espíritos Ferdinando e Bernard
O símbolo da vida
O símbolo da vida
GILVANIZE BALBINO
Romance dos espíritos Ferdinando e Bernard

O símbolo da vida

GILVANIZE BALBINO
Romance dos espíritos Ferdinando e Bernard

O símbolo da vida é um romance histórico, que resgata fatos verídicos ocorridos no início da Era Cristã. Entre demonstrações de fé, amores e conversões, os autores resgatam com maestria fatos reais sobre a vida e obra de Marcos, o Evangelista.

Quem foi esse homem tão corajoso que, sem conhecer Jesus, o amou sobre todas as coisas e viveu para o Cristianismo? Como era sua relação com os demais apóstolos, principalmente Paulo de Tarso e Pedro? Quais eram seus desafios no Egito?

Neste romance emocionante e revelador, descubra o que aconteceu nos bastidores das trajetórias de alguns apóstolos, especialmente nos bastidores da vida de Marcos, um dos personagens mais marcantes da história cristã.

Rua Agostinho Gomes, 2.312 – SP
55 11 3577-3200

contato@vidaeconsciencia.com.br
www.vidaeconsciencia.com.br